FAMILIA Y AUTORIDAD
EN EL HOGAR

FAMILIA Y AUTORIDAD EN EL HOGAR

Una reflexión renovada

Gabriel Romeu Adalid

Para realizar pedidos de este libro, contacte con:
Palibrio LLC
1663 Liberty Drive, Suite 200
Bloomington, IN 47403
Gratis desde EE. UU. al 877.407.5847
Gratis desde México al 01.800.288.2243
Gratis desde España al 900.866.949
Desde otro país al +1.812.671.9757
Fax: 01.812.355.1576
ventas@palibrio.com
522668

ÍNDICE

INTRODUCCIÓN

Este pequeño libro expone mi largo meditar sobre la familia, sobre el trabajo de la mujer y la autoridad, o más precisamente, meditar en el cambio social dado por el rol económico de la mujer como fenómeno universal del siglo XXI y la disolución del patriarcado.

He rescatado de la crítica de la polilla en los libreros a tres capítulos que considero merecen de ser publicados: el estudio exploratorio de la vida cotidiana de familias de sectores medios, el estudio sobre el estado del arte en las ciencias sociales del tema familia, trabajo de la mujer y autoridad y las preguntas y supuestos de partida, capítulos V, IV y II respectivamente de este libro.

Considero que iniciar la exposición con los tipos de familias, capítulo I, ayudará a cimentar puntos de vista y vocabulario que una vez adoptado servirá para el entendimiento del sentido de la obra.

En el mencionado capítulo II hago la reseña de los temas y problemas con que inicié hace diez años a reflexionar sobre este asunto, así como los presupuestos y hechos de que partí. En el capítulo III expongo las vertientes de investigación teórica sobre los estudios de familia, trabajo de la mujer y autoridad para sentar las bases de la teoría y la acción inteligentemente llevada para reformar la autoridad en los sistemas familia-unidad doméstica. En seguida, expongo además de elementos para formular las demandas y exigencias al poder público, ideas para crear estratégicas razonables, desde el punto de vista de la ciudadanía, del pueblo, no a partir de la mirada del poder público, sino de las redes sociales, de cómo generar un enfoque que trascienda el presente y nos ubique en el flujo generacional, pasado y futuro de la autoridad en la familia.

Tengo la convicción que esta obra dará algo de luz para emprender las reformas a la autoridad en la familia desde la sociedad civil y de manera derivada, reforma del Estado, ambas necesarias hoy.

I

TIPOS DE FAMILIA

La raíz etimológica de la palabra "familia" puede buscarse en dos líneas: la más aceptada, que liga el término con la voz latina *famulus*=siervo (o famula=sierva); y la otra en la raíz, *dhe*, que viene de las lenguas indoeuropeas, que de una idea original de "succionar" quiso decir después "mamar", mama, mamá, mujer, femenino; el **dhe** se hace **fe** en latín. De allí fecundidad y... felicidad (la concepción latina de la felicidad es la imagen de la mujer).

Con respecto a la primera etimología, la familia moderna contrasta, toda vez que no tiene, en general, personas de servicio y en ningún caso, por cierto, en el sentido romano de personal "adherido" a ella por lazos permanentes, cuasi de parentesco. Esto da una idea de lo lejos que estamos hoy de ese amplio concepto que reflejó alguna vez la palabra "familia": una organización que implicaba parientes en diversos grados y una cohorte de servidores en contacto con una propiedad o casa de campo que sostenía a todos en sus necesidades diarias. Así también, la palabra "economía" viene del griego *oikos*= casa; en esa "casa de familia" se procesaba gran parte de lo que hoy llamamos "vida económica". La familia implicaba propiedad; hoy no necesariamente.

¿Qué aludimos al decir hoy en día "familia"? Algo muy diferente que antes. Baste recoger la definición de familia del Diccionario de la Real Academia de la Lengua: "Es un grupo de personas emparentadas entre sí que viven bajo la autoridad de una de ellas". ¿Pero: es la familia una categoría universal que cubra adecuadamente el espacio - todos los lugares- y el tiempo histórico - todas las épocas-? En otras palabras: ¿Hay alguna definición caracterizadora que pueda resistir la prueba de la diversidad etnográfica, o sea, de la observación y descripción sistemática de los grupos emparentados en todos los lugares y tiempos?

La etnografía **de George P. Murdock**[1] define a la familia como la unidad de padre, madre e hijos solteros, es decir, análogo a familia elemental o nuclear. Un grupo básico de parentesco el cual puede ser empíricamente observado en todas las sociedades; grupo que facilita para cuatro cometidos: 1) el permiso para acceso sexual entre adultos; 2) reproducción legítima; 3) responsabilidad por el cuidado y crianza de los niños, y 4) cooperación como unidad económica, al menos para el consumo. A estas conjeturadas funciones universales se agrega un renovado énfasis de una función afectiva.

Por su parte **Goodenought**[2] **y Bohannan**[3] designan como el real grupo nuclear a una mujer y sus hijos dependientes,

---

[1]   George P Murdock, *Social Structure*, New York, Macmillan, 1949, pp. 387.

[2]   H. Goodenought, *Description and Comparison in Cultural Anthropology*, Chicago, Aldine, 1970, p.173.

[3]   P. Bohannan, *Social Antropology*, Ney York, Holt, Reinhart & Winston, 1963, p 421.

a quienes se suma alguien que pueda estar unido por matrimonio o consanguinidad; esto es: la relación madre-hijo como el núcleo universal de la familia, y por tanto la procreación como central.

Bander[4] sugiere a la familia como un estricto fenómeno de parentesco: las relaciones de parentesco como fenómeno universal y la familia reducida a ello. En la misma dirección, para **Goddy**[5] hay parecidos esenciales en el modo en que los grupos domésticos se han organizado en todas las sociedades humanas para el amamantamiento, crianza y preparación de alimentos, o sea la función reproductiva como núcleo universal de la familia y sobre la base de la genealogía de parentesco.

Por consiguiente podemos definir a la familia como implicando un hogar; y la familia-hogar o familia-unidad doméstica como una institución inherentemente compleja y multifuncional que tiende a organizar la convivencia cotidiana, la sexualidad y la procreación con variaciones del proceso institucional culturalmente aprobado; varias constituciones de grupos de convivencia y de participación en las actividades cotidianas ancladas al hogar diferentes en cada sociedad; sin que exista una definición universal o función primaria que sea la misma en todas las sociedades conocidas. Sin embargo, dos tipos se distinguen y sobre ellos me ocupo en seguida.

---

[4]   D.R. Bender, "De facto families and the jure households in Ondo", American anthropologist, 1971, 69, pp. 493-504; y del mismo autor: "A refinement of the concept of household: families, co-residence, and domestic functions. American anthropologist, 1971, 69, pp. 493-502.

[5]   J.R. Goody, *The evolution of the family*" en Household and family in past time, Ed. P Laslett R. Wall, 1972 pp. 103-124.

Tipos ideales o puros de familia tradicional rural y de familia moderna urbana: primacía del valor individualista como persona, o bien prioridad del grupo intergeneracional

El tipo ideal o puro es una construcción mental. Está formado por el realce de uno o más rasgos o aspectos observables en la realidad. Difiere de un promedio estadístico, y no es una hipótesis: es un concepto límite con el que se comparan las familias unidades domésticas reales.

Tipo de hogar familiar rural tradicional El principio organizador es el parentesco. Se observa una baja movilidad geográfica y social; los hijos heredan el status y la ocupación del padre. La familia extensa —de tres generaciones bajo un mismo techo y cocina habitual— es la unidad de residencia y funciones domésticas. La mayoría de los adultos trabajan en la casa familiar, parcela, taller, etc. Dominio de los padres sobre los niños y jóvenes, y de los hombres sobre las mujeres. Los lazos de parentesco pesan más que la eficiencia económica y la maximización de la utilidad individual. La ideología del deber, tradición, sumisión individual a la autoridad y al destino. Poco énfasis sobre el involucramiento emocional entre los lazos de parentesco; matrimonio no basado en el amor; la lealtad predominante de los individuos es a los parientes de sangre, más que entre desposados; los hijos(as) son ventajas económicas más bien que emocionales, no obstante la subordinación y dependencia de los hijos para con los padres puede continuar tanto como los padres vivan. Poca o ninguna separación psicológica entre el hogar y la comunidad rural y por ello profunda sociabilidad con ésta. Casi ninguna institución de gran escala de la sociedad mayor en contacto. Alta fertilidad y altas tasas de mortalidad, especialmente en la infancia. Rápido recambio poblacional

Tipo de hogar familiar urbano moderno

El parentesco está diferenciado de la vida social, económica y política; el reclutamiento para el trabajo es independiente de los parientes. Hay alta movilidad geográfica y social; la movilidad individual está basada en el mérito. La familia nuclear es la unidad básica de residencia y funciones domésticas. Separación física del hogar y el trabajo; los hogares consumen más bien que producen. Se aprecia una relativa igualdad en las relaciones dentro de la familia nuclear en ideales y en la práctica. El adelanto y utilidad económica de los individuos prevalece sobre las obligaciones de parentesco. Predomina la ideología de derechos individuales, igualdad, libertad y autorrealización. Intenso involucramiento de esposo, padres e hijos(as) unos con otros; valor ideológico de la felicidad marital y el ajuste conyugal; gran atención para con el desarrollo de los infantes, con su ajuste presente y futuro potencial; pero agudo rompimiento con la autoridad parental al alcanzar la edad adulta e ingresos económicos. Cierta línea de demarcación entre el hogar y el mundo exterior: el hogar es un refugio privado e íntimo y el mundo exterior es impersonal, competitivo y amenazante. Fertilidad baja y controlada, y baja tasa de mortalidad especialmente en la infancia[6].

Flujo de amor y de plusvalía intergeneracional

Cuando a los tipos rural tradicional y urbano moderno se profundiza el realce de uno o más rasgos o aspectos observables en la realidad, encontramos la misión y objetivo de cada tipo; es decir, si se les considera desde

---

[6]   Para ejemplos empíricos, ver Arlen Skoinck. *The Intimate Environment: Exploring Marriage and the Family*, Little Brown and Co. (Inc) 1973

el punto de vista del flujo de valores intergeneracionales y de consideraciones vitales profundas, es decir, si se les toma desde el punto de vista de los valores y ética subyacente en las relaciones entre generaciones, dimensión consanguínea, y desde la dimensión conyugal, entre sexos, que en tanto misión y objetivos de la familia y el hogar en cada tipo determinan y guían el desempeño de roles, se ve como sigue:

En el tipo tradicional rural el flujo de valor de beneficio va de hijos a padres, irrenunciable por ambas generaciones. Sacrificio personal de los padres. Paradójicamente el significado de tener hijos aquí es egoísta, toda vez que se ven como seguro de vejez y trabajadores en la finca. Fuerte consanguineidad y sentido de pertenencia. Los hijos quedan como deudores reconocidos o trabajadores dentro del ámbito familiar (hogar y posesiones campesinas). En este tipo se tiene una baja estimación por el confort doméstico. Hay un principio de lealtad de los hijos y deber de procreación abundante de los padres: importa la cantidad de hijos. Está el valor de la ayuda mutua. Priva el principio de sacrificio por el grupo, y la marcha y trama familiar es de al menos tres actos, tres generaciones. Los hijos envían remesas a los padres por gratitud y amor, no por cálculos utilitarios o en función de sostener un modo de vida o economía campesina.

El tipo urbano moderno en término de misión y objetivos y valores describe el flujo de beneficio que va de padres a hijos de manera condicional y renunciable; y sin reflujo de beneficios. Aquí no hay sacrificio personal de los padres derivado de la procreación. Paradójicamente el significado de tener hijos en este tipo supone un altruismo por lo que se verá adelante. Hay mayor autonomía frente a la rama consanguínea lateral (hermanos, primos) y vertical (padres, abuelos). Los hijos quedan sin deuda u obligación de trabajar en la unidad o negocio familiar, si lo hubiera. Se sobreestima el bienestar doméstico y confort derivado del consumo de un hogar cerrado y autónomo. Rige en los hijos un principio individualista el cual es reforzado por el sistema educativo de competencia. Prevalece una psicología que da preferencia al sentir individual. Existe un corte de la marcha y trama familiar con el establecimiento de hogares independientes con respecto a las familias de origen de los nuevos cónyuges. Hay una ingratitud esperada de los hijos y una contracción procreativa de los padres: importa la calidad de su educación no la cantidad de los hijos Se sacrifica el grupo por el individuo; paga el grupo intergeneracional en favor del valor de la persona individualista.

El modelo de flujo de beneficios intergeneracional de hijos a padres (tipo rural tradicional) es frecuente entre los campesinos y también entre las familias propietarias. El modelo de flujo de beneficios intergeneracional de padres a hijos (tipo urbano moderno) se observa con frecuencia entre las clases medias y trabajadoras. Cuando una generación sigue un tipo y la otra el otro hay problemas o brecha generacional; o si un conyugue tiene en mente el tipo rural tradicional y el otro cónyuge al urbano moderno, también hay problemas. La estabilidad de los hogares familiares (familias unidad domésticas) queda relacionada con la integración o desintegración de las personas en términos de valores relativos al flujo de beneficio intergeneracional del modelo.

Aristóteles y los hogares y familias

Quizá Aristóteles nos ayude a ver más claro en este punto. Él definió en su Ética Nicomco el modelo cuasi natural de familia. Se valió de las nociones de excelencia (dignidad/ superioridad) y función aplicadas a las relaciones sociales.

Excelencia, se entiende aquí el tratamiento de respeto y cortesía que se da a la persona por su empleo, que lo hace digno de singular aprecio y estimación. Función: es la tarea que corresponde realizar.

Utilizando su enfoque vemos que en el tipo familia rural tradicional la superioridad o excelencia corresponde a los padres por ser dadores de vida, cuidados de salud y enseñanza. La utilidad de los hijos es como fuerza de trabajo y seguridad en la vejez. Implica propiedad de la finca y el ganado (y de los esclavos antiguamente). La utilidad de los padres para los hijos es de dadores de modo de vida, de fuente de empleo.

En el tipo urbano moderno, dados los cambios universales en la sociedad y en la cultura en la modernidad, la superioridad se desplaza a los hijos, por el valor de lo nuevo y de la juventud en sí. La utilidad de los hijos es emocional y a modo de compañía. Los gastos crecientes en los hijos no son una inversión para la vejez, sino que son como una apuesta a futuro que no garantiza el retiro; ni siquiera los cuidados de la salud de los padres. La utilidad de los padres es como dadores de posición social y acaso de una herencia.

El papel de la mujer se ha transformado de manera imponente entre la antigüedad y la modernidad y la era posmoderna, en mayor medida que el rol del hombre; mudanza solo comparable con el paso de la esclavitud al trabajo libre.

Por consiguiente y para abundar hay que decir que hay un desplazamiento de valores en el modelo moderno con respecto al modelo aristotélico. En el modelo natural los hijos quedan como deudores para trabajar con el padre que les dio la vida y ejerció el poder paterno en beneficio de los hijos, y que los instruyó y dio una forma de vida. La dignidad y excelencia corresponde a los padres. En el modelo moderno la excelencia corresponde a los más jóvenes en quienes se centran los cuidados de educación ayudada por técnicas psicopedagógicas. La función de los padres pasa a ser meramente de dadores de posición social, y la de los hijos ahora es una función emocional para los padres. Los hijos no adquieren obligación de trabajar con los padres ni estos de darles una fuente de empleo; solo facilitarles el acomodo social. Con respecto a marido y mujer hay una tendencia a una igualación de funciones y excelencia.

En el tipo rural tradicional ocurre como si los hijos dijeran a los padres:" Me has dado la vida y protegido cuando más vulnerable era; ahora te debo gratitud y compensación". Fuerte contraste con el pensamiento de los hijos en el tipo urbano moderno donde es como si los hijos dijesen: "Me trajiste al mundo, donde se trae hijos para ayudarlos a su desarrollo; donde se adquiere por ello la obligación de facilitar lo necesario a ese desarrollo; es decir estás en deuda con migo".

Pero ¿cuáles son algunos de esos cambios paradigmáticos entre el mundo antiguo y el moderno que afectan los roles y expectativas en la familia? Se distinguen atributos generales de la transformación de la cosmovisión del mundo antiguo a la modernidad y pos modernidad.

Hay un cambio epistemológico y de cosmovisión: cambio paradigmático entre el mundo antiguo- medieval y la modernidad occidentalizada. En la antigüedad y el medio evo, se tuvo una preocupación ontológica, sacro-religioso: realismo filosófico Aristotélico Tomista; en el mundo moderno se instala la preocupación positivista jurista- laico racionalista cartesiano Kantiano (de René Descartes e Immanuel Kant). En la antigüedad se piensa por analogía, es decir, se examinan dos objetos del pensamiento para evidenciar sus caracteres coincidentes. En el mundo moderno surge el racionalismo: lo real es lo racional y lo racional es lo real.

Volviendo con Aristóteles, una confusión entre el referente hogar y la familia es perceptible en sus escritos sobre el tema. Veamos el siguiente fragmento de la Política de Aristóteles: "En primer lugar, pues, la necesidad ha hecho aparearse a quienes no pueden existir el uno sin el otro, como son el varón y la mujer en orden a la generación (y esto no por elección deliberada, ya que en el hombre, no menos que en los demás animales y en las plantas, hay un deseo natural de dejar tras de sí otro ser a su semejanza). Es también de necesidad por razones de seguridad, la unión entre los que por naturaleza deben respectivamente mandar y obedecer. (Libro primero, la Política) (...) De estas dos asociaciones resultaron los primeros hogares, por lo cual Hesíodo estuvo en lo justo al escribir: "Lo primero de todo es la casa y la mujer y el buey labrador". El buey, en efecto suple al esclavo en la casa de los pobres. La familia es así la comunidad establecida por la naturaleza para la convivencia de todos los días (Aristóteles, La política, libro 1)

Ya se dijo que "economía" viene de la palabra griega *oikos* que significa casa, lo mismo que "familia" Y en toda casa familiar hay relaciones de poder en la familia. Por eso Aristóteles dijo que: "Y los primeros y más simples elementos (*relaciones*) de la familia son el señor y el esclavo, el marido y la mujer, el padre y los hijos... " (Aristóteles, La política, libro 1).

Se tiene entonces que Aristóteles vio tres relaciones en el hogar-familia de su tiempo y a qué interés favorece:

1. Amo esclavos en interés del amo

2. Padre hijos en interés de los hijos

3. Esposo esposa en interés de ambos.

Norberto Bobbio se refirió al poder en las relaciones familiares con la siguiente cita de Coluccio de Salutatti: "Hay distintos tipos de principados (...) distinción tomada de las relaciones familiares (así como fueron presentadas en el primer libro de la Política de Aristóteles): en el *Principatus regius* el rey gobierna como el padre sobre los hijos; en el *politicus* gobierna como el marido sobre la mujer, y en el *despóticus* lo hace con el amo sobre el esclavo. Regresa (también) a la distinción igualmente aristotélica entre el poder ejercido en interés de los súbditos (el poder paternal), el que favorece tanto a quien tiene el poder como aquellos a quienes está dirigido (el poder conyugal), y el ejercido en interés exclusivo de quien gobierna (el poder patronal). (Tractatus de Tyrannus, Coluccio de Salutatti, citado por N. Bobbio)

Sin embargo, no sabemos cómo la mente más brillante de la antigüedad veía natural la esclavitud, y tampoco cómo es posible que considere a la mujer inferior tal como se aprecia en la siguiente cita; algo que cualquiera con una mínima cultura democrática hoy rechaza; cita: "Asimismo entre los sexos, el macho es por naturaleza superior y la hembra inferior, el primero debe por naturaleza mandar y la segunda obedecer" (Aristóteles, La política, libro 1).

Origen da la familia

No es inútil retomar la idea mítica de Ganbattista Vico sobre el origen de los hogares y familias; Vico dijo que: "Errando como animales en la gran selva de la tierra [...] para vivir de las fieras que debieron vivir en abundancia y para perseguir a las mujeres que en tal condición debían ser salvajes, ariscas y esquivas, y tomando en cuenta que ellos se desbandaban para encontrar alimento y agua, las madres abandonaban a sus críos, que crecían sin oír voz humana (...) las madres, como animales, apenas los amamantaban, los dejaban revolcarse desnudos en sus propios excrementos; apenas destetados eran abandonados para siempre" (Ganbattista Vico, La Scienza nova seconda, cap, 369). Y continúa: "Después de un largo tiempo seco y árido con el primer trueno y con el primer rayo el hombre se asusta, alza los ojos y "contempla el cielo". Así adquiere una primera, aunque todavía vaga, conciencia de la divinidad. Con el temor a Dios nace la vergüenza de la vida salvaje y principalmente el "amor físico realizado sin más". El hombre lleva a la mujer a la caverna para esconder el concubinato de los ojos de sus semejantes, e instituye aquella relación durable con su compañera que conforma el matrimonio del que nace la vida familiar". (Norberto Bobbio citando a Ganbapttista Vico).

En conjunto, vemos que el origen del hogar tuvo varias necesidades que lo configuraron en un proceso de milenios generación tras generación.

- Preferencia por el sexo sin ser visto

- Preferencia por el techo a la intemperie

- Preferencia por lo cocido a lo crudo

- Larga etapa de necesidad de cuidado de los hijos antes de poder proveerse alimentos por sí mismo.

La concepción cristiana del matrimonio parte de la idea de una "comunidad establecida por la naturaleza para la convivencia de todos los días" para la visión sacra del cristianismo: *"La alianza matrimonial, por la que un hombre y una mujer constituyen una íntima comunidad de vida y de amor, fue fundada y dotada de sus leyes propias por el Creador. Por su naturaleza está ordenada al bien de los cónyuges así como a la generación y educación de los hijos"* (Catolic net). Por el contrario, se ve que esta concepción cristiana no parece que requiera hacer una reflexión histórica como Vico; pues es más fácil decir que la institución fue obra de la naturaleza.

Autoridad del padre: El patriarcado en esencia

Vico también nos refiere el origen del patriarcado: "La autoridad familiar, por la cual los padres son soberanos en su familia. La libertad de los hijos está completamente en poder de los padres, por lo que estos tienen el derecho de vender al hijo [...] los padres tienen la tutela de los hijos al igual que la tienen sobre su casa o sobre sus cosas. Así pueden disponer de ellos, los pueden ceder a otros imperativamente, como cualquier cosa de su pertenencia". (Ganbattista Vico, Dell´unico principio e dell´unico fine del dirrito universale)

Excelencia y función en el matrimonio tradicional y en el moderno

Tanto en el tradicional como en el moderno, el matrimonio se basa en un contrato. La relación de poder es en beneficio mutuo como quedo establecido por Aristóteles, siempre y cuando no estemos en el terreno de definir las

formas degeneradas, malas de matrimonio y familia.
El contrato matrimonial en la forma tradicional tiene la
característica de ser decisión grupal en las relaciones entre
clanes y tribus, estirpes, linajes. Contexto sacro religioso.
Primacía de los valores intrínsecos a la conyugalidad. La
relación contractual conyugal en el modelo urbano moderno
posee atributos cimentados en el amor, decisión individual
en el mercado matrimonial. Contexto civil legal. Destierro
y olvido de los valores intrínsecos y predominio de los
valores extrínsecos al matrimonio. Por otra parte, en el tipo
moderno, aparecen las relaciones de poder conyugales;
por el contrario, en el tradicional el poder del esposo se
ejerce en beneficio tanto de la esposa como del mismo
detentador del poder. La madre en el modelo moderno
juega un rol de amor incondicional, cuando en el tradicional
su rol como madre era más insensible.

Con la pretensión de usar la distinción Bobbiana (de
Norberto Bobbio) de los juicios descriptivos, axiológicos
e históricos, aplicado no ya a las formas de gobierno sino
al tema de la familia y los hogares, avanzamos ahora a
determinar los valores intrínsecos e inmanentes de la familia
y el matrimonio, desde una perspectiva laica-sacra a la vez.

Valores intrínsecos de la conyugalidad y de la familia consanguínea

La sobrevivencia es un asunto de familia. Ser es amar en
familia. Conexión con la vida y la identidad misma por lo
cual la autoestima - la información sobre nosotros mismos-
está en juego: ser o no ser. "Es una cuestión de identidad
para ser y reproducirse, para expresarse y observarse, así
como para responder a una fuerza interna de dinámica
inmanente". La auto estima como valor de la conyugalidad:
y el daño a la misma, razón por la cual la separación y el
divorcio.

El motivo del contrato – la alianza matrimonial—es el amor y la atracción erótica; la preferencia personal no obstante en un contexto donde la decisión de una alianza viene de la autoridad de los padres. Es el amor, aunque no exclusiva ni necesariamente. La asignación por la autoridad y la elección romántica pueden estar combinadas[7].

La causa de la conyugalidad y nupcialidad es la inmanencia del proceso de reproducción biológica no solo limitada a la pasión y el amor sino que están asociadas a la reproducción; dicho de otra manera, vinculadas con los impulsos del amor, la fecundidad y la reproducción biológica y social.

Asimismo, intrínseco es el valor de la seguridad de la casa y la calma familiar y del fuego que arde en el centro de cada vivienda (la hoguera).

---

[7]   Giovanni Sartori hace un tratamiento del concepto familia a modo de ejemplo en su argumentación metodológica, como sigue: **Sistematización del concepto de familia por niveles de abstracción y según tratamiento.**

Nivel de abstracción	Características	Información y tratamiento requeridos
1	Patriarcal, matriarcal o paritaria	Si-No
2	Monogámica o poligámica o poliándrica	Sí- No
3	Estéril o fértil	Sí-Si es fértil, cuántos (hijos)
4	Estable o inestable	Sí-Si es inestable, duración(o promedio de los matrimonios)
5	Nuclear o extendida	Sí —Si extendida, cuanto y a quienes
6	De la patrimonial a la romántica	Tipos de motivación, prevalencias
7	Estructura papeles internos	Tipología-Ejemplo: quién trabaja para quién
8	Grado de cohesión	Mediciones graduales
9	Otras	Otras

Fuente: La Política, Lógica y método en las ciencias sociales, FCE, México p. 71

Los valores **intrínsecos** de la conyugalidad y la familia (consanguínea) y la inmanencia del proceso de reproducción biológica: búsqueda y realización de la felicidad como estado constante, apoyo mutuo para el curso de vida; sexualidad satisfactoria.

Los valores **intrínsecos** a la conyugalidad y la consanguineidad son los de la vida misma: tener éxito adaptativo, reproducirse, mejorar, ser feliz gozar —si se quiere al modo estoico--, estar bien, divertirse, ir adelante, ser y, en suma: una vida feliz, una buena vida. Ser es amar en familia.

Todo a la vez: necesidad biológica, amor, compañía, tener un hogar, interés económico. Aquí el peso de las normas de transmisión intergeneracional del capital social y económico, esto es, las normas de la herencia es muy fuerte. Por eso, la estabilidad de la unión se ve como requisito y consecuencia a la vez.

Establecido lo anterior, queda claro que no solamente queda en una óptica económica el valor de la conyugalidad, y que formar parejas y hogares representa algo más que funciones útiles a una determinada finalidad operativa rutinizada: "La búsqueda de la pareja no solo tiene un propósito de compañía o de complementariedad funcional subyacente" (Leñero, 1982); es una cuestión Shakesperiana tipo Hamlet de "ser o no ser, esa es la cuestión". Además de ser una asunto ontológico, el ser en sí, es una disyuntiva práctica, axiológica, respecto a los valores. Muestra la imposibilidad del hombre para conocer todas las implicaciones de su decisión, sin embargo la decisión de formar pareja o no y con quién debe ser tomada. Por ello la autoestima como valor de la conyugalidad. Vale la pena repetir que es una cuestión de identidad intrínseca, para ser y reproducirse, para expresarse y observarse así como para responder a la fuerza de la pasión, el erotismo y el amor.

Degeneraciones de los modelos tradicional y moderno

En el tipo tradicional rural degenerado, el padre no gobierna la familia en interés de los hijos e hijas, ni del mutuo interés con su conyugue esposa sino que en interés de sí mismo, como amo sobre sus esclavos. Hay explotación y opresión. Lo hijos no aportan por amor y agradecimiento, sino como pago, obligación y trabajo forzado.

Como consecuencia de la decadencia de la autoridad patriarcal que se acentúa en las últimas décadas, el hogar familia se convierte en un cascarón vacío de poder y en consecuencia, en un campo de relaciones de fuerza: la competencia y hasta la lucha de clases entra y destruye la paz del hogar: padres versus hijos, esposo versus esposa, hijos versus hijos(as), etc.

Dentro del tipo urbano moderno conyugal nuclear degenerado, los hijos demandan exigentemente más allá de sus años en que son vulnerables y mucho más allá de la capacidad socioeconómica de los padres y al final del ciclo de vida familiar se llega a ver la expropiación de los padres ancianos por los hijos (o nietos) En el matrimonio y familia urbano moderno conyugal nuclear degenerado ocurre lo mismo con respecto al poder en las relaciones familiares que en el modelo tradicional rural extendido: se ejerce la autoridad no en interés de los hijos y mutuo de los conyugues, sino que alguien, el hombre o la mujer, ejerce la explotación y la violencia intrafamiliar. Ahora se está en un marco desacralizado, secularizado; actualmente pulula al más cínico de los intercambios sociales: el matrimonio por lucro.

En este tipo moderno degenerado, los padres se esclavizan, por el tiempo usado para obtener el ingreso necesario, para cumplir y cubrir los requisitos de nivel de vida y consumo dictados por el consumismo del nivel socioeconómico alcanzado, para favorecer un supuesto desarrollo de los hijos; de este modo, dejan los padres de vivir su propia vida y posibilidades. Esto se refuerza por un ataque al patriarcado en sí sano cuando se vela por el interés de los hijos y mutuo de los conyugues; ataque por fuerzas externas y políticas públicas descontextualizadas con la bandera del género, creando un vacío de poder y con ello inestabilidad y desintegración familiar.

Es fácil probar que en el tipo tradicional rural, el interés de los hijos, lo que los beneficiaba, era el mismo en todas las familias rurales; se puede decir que en las relaciones entre generaciones y entre sexos, había un interés mecánico, similar. Ahora bien, en el tipo urbano moderno, por el contrario, cada estrato socioeconómico o cada clase social tiene en sus hogares familiares intereses de los hijos y mutuos de los conyugues variables, únicos como las huellas digitales; es decir, es un interés-beneficio orgánico diferenciado. En consecuencia el problema es definirlos, o mejor aún, que cada grupo familiar defina esos intereses y que se ejerza el poder en función de ello. Un especie de constitución y plan de desarrollo al nivel del hogar familia; de cada hogar familia. Protocolos familiares, no solo como lo hacen las familias con empresa o empresas familiares previsoras.

Aún en el matrimonio originado en el deseo de lucro puede respetarse la norma y la expectativa social de una autoridad funcional; ahora bien, cabe preguntar ¿cuál es el criterio para establecer cuando el padre deja de ejercer el poder en las relaciones familiares, en particular el poder económico, en interés de los hijos y de ambos conyugues, para implantar un interés de sí mismo? Hay un caso evidente: cuando se privilegia la acumulación de capital, el ahorro, por sobre la integración familiar.

Resultados Empíricos De Elizabeth. Jelin en el Área Latinoamérica

Con respecto a la realidad empírica latinoamericana, una analista, Elizabeth Jelin, con una vida estudiando con métodos etnológicos los hogares y las familias del área, proporciona una ventana empírica de lo que está pasando en México y América Latina. En sus conclusiones señala que en el presente se viven los tiempos del divorcio y el envejecimiento poblacional reflejado en los hogares; se presencia una multiplicidad de formas de familia y de convivencia. En Latino América, sólo entre el 40 y el 50 por ciento de los hogares son nucleares. Por tanto, la realidad florece como la multiplicidad de formas mediante las cuales hombres y mujeres definen su identidad y su intimidad y organizan su cotidianidad.

La sociedad latinoamericana viene experimentando en el siglo XXI con alternativas de resolver la necesidad de domesticidad cotidiana, de reproducción biológica y social y de erotismo y sexualidad; es decir, experimenta con formas alternas de hogares, sean estos familiares o no. Baste como muestra el menú que la autora en cuestión pone sobre la mesa en tanto que formas de organización social básica contrastantes con el arquetipo nuclear conyugal:

- Mamás que trabajan fuera del hogar y hogares de doble ingreso

- Familias ensambladas: "los tuyos, los míos y los nuestros", de segundas y terceras uniones

- Madres con hijos sin presencia masculina

- Papás solteros

- Viven solos: hogares unipersonales

- Parejas homosexuales, con hijos y sin hijos

- Parejas formadas sobre el rapto y la violación o por arreglos contra su voluntad.

- Soluciones institucionales

- Familia grande, extensa, de tres generaciones

- Hogares nucleares con hijos no convivientes y niños al cuidado de otros parientes

- Etc., etc.

I.1 TIPOS CENSALES MEXICO, USA Y CANADA

Afirmo que los elementos conceptuales de los censos de hogar y familia en Estados Unidos, Canadá y México y recomendaciones de la ONU no dan elementos para la investigación de los vínculos familiares y las historias de las familias a profundidad.

Para entender la afirmación precedente trataremos de los sistemas censales de los hogares, familias, viviendas y población en Norte América: México, Canadá y Estados Unidos; y además de las recomendaciones de la ONU (Organización de las Naciones Unidas) para la realización de estos censos en cada nación con fines comparativos internacionales. ¿Cuál es el común denominador y cuál las diferencias? ¿Cuál sistema censal privilegia el conteo de la población y cuál el análisis de las estructuras familiares y su historia?

Categorías de cada sistema censal:
México, Estados Unidos y Canadá

México	Canadá	Estados Unidos	ONU
Tipos de hogares[8]:	Census	• Family	(a) One-person
• Familiares	family	household	household;
○ Nucleares	Economic	• Subfamily	(b) Nuclear
○ Extensos[9]	family		household,
• No familiares	Households		(c) (Extended
○ Corresidentes			household,
○ Unipersonales	Housing		(d) (Composite
			household,
			family nucleus[10]

---

[8] Para 1950,1960 y 1970 la información se refiere a familias censales mientras que para 1990 y 2005 corresponde a hogares, lo cual significa que no son enteramente comparables. En efecto, la familia censal consiste en un núcleo conyugal al que pueden agregarse hijos, otros parientes y/o no parientes, En cambio, un hogar, específicamente de tipo familiar, puede incluir más de un núcleo conyugal y por lo tanto más de una familia censal, pero las relaciones de parentesco de todos los miembros del hogar se ordenan en torno a un solo jefe, quien puede o no formar un núcleo conyugal.

[9] Para 200 y 2005, incluye a la población de los hogares ampliados, compuestos y hogares familiares no especificados. Estos cambios conceptuales (...) afectan los resultados y en ocasiones los datos no dan cuenta de los comportamientos que se venían observando o la tendencia.

[10] Al respect la ONU dice: "From the definitions of "household" and "family", it is clear that household and family are different concepts that cannot be used interchangeably in the same census. The difference between the household and the family is (a) that a household may consist of only one person but a family must contain at least two members, and (b) that the members of a multi-person household need not be related to each other, while the members of a family must be related. A household can contain more than one family, or one or more families together with one or more non-related persons, or it can consist entirely of non-related

Encontramos que para la mirada de los tres Estados, la población, es decir la sociedad está organizada en viviendas-hogar, las cuales pueden estar habitadas por familiares —en diversos grados—o por personas no emparentadas. De hecho hay una correspondencia en las conceptualizaciones como se muestra en la siguiente igualdad:

Hogar familiar (México)= Census family (Canadá)= Hausehold family (Estados Unidos)= Nucleus family (ONU).

El común denominador es una pareja generadora o uno de ellos, el padre o la madre, con un producto (hijo/a) en tanto núcleo de reproducción biológica y social. Las viviendas ya como hogares pueden contener uno o varios núcleos reproductores o ninguno, es decir personas en sí, y tener en el último caso, una dinámica doméstica entre personas sin lazos de parentesco. La ONU recomienda que dependiendo del uso que se dará a los datos se establezcan las categorías; y cuestiones como el reconocimiento de los hijos adoptivos y las parejas del mismo sexo (como convivientes e incluso en matrimonio) es ya práctica común de los Estados, que en algunos casos se adelantan y en otros se ajustan a las prácticas de la sociedad. Todo depende del interés de la mirada del Estado (o de la comunidad científica) a modo como se establezca el procedimiento censal para el conteo de qué y el análisis de qué.

---

persons. A family typically will not comprise more than one household. However, the existence of polygamous families in some countries, as well as shared child custody and support arrangements in others, means that individual countries should decide how best to derive and report data on families".

Jefatura de hogar o mantenedor en cada Censo

México	Canadá	Estados Unidos	ONU
Jefe/a de hogar	Head of family	Hauseholder	Recomienda centrarse en el conteo de las personas en los hogares, y la familia dejarla como un "sub tópico, al igual que la jefatura "

En los Estados Unidos el término jefe o jefa de familia fue descontinuado, desde 1980, debido a los cambios sociales recientes por los cuales la responsabilidad de sostenimiento del hogar se comparte entre los miembros adultos. Se usa ahora la categoría *householder* para fines de establecer las relaciones familiares, en este caso con la persona propietaria de la vivienda o quien tiene el contrato de renta. El resultado es que la mirada censal en las tres naciones ignora olímpicamente el fenómeno de la autoridad en la familia, en el hogar y las relaciones de poder conyugal y filial. Asunto el cual nos proponemos enfocar a profundidad.

TIPOLOGÍA ABARCATIVA PARA EL CONTEO Y ANÁLISIS DE LA AUTORIDAD EN LOS HOGARES

Niveles:

1. Entorno: Rural, ciudad media o metrópoli.

2. Estrato Socio Económico (enfoque funcionalista) o clase social (enfoque marxista).

3. Naturaleza familiar o no familiar del hogar

4. Hogar: de una persona (unipersonal), Nuclear, Extendido y Compuesto.

5. Momento del ciclo familiar o momento del curso de vida de la pareja nuclear:

6. Joven, adulto joven, adulto maduro, adulto mayor,

7. Un ingreso o dos ingresos o más.

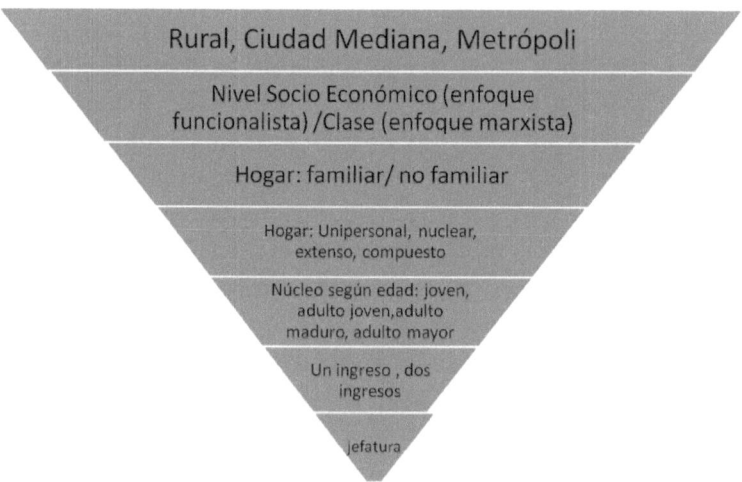

OBSTÁCULOS A LA FELICIDAD TANTO DE LAS PAREJAS JÓVENES COMO DE PAREJAS DE VIEJOS

Si seleccionamos al obstáculo más influyente considerado aisladamente sin duda es la autoridad disfuncional; el poder mal ejercido en las relaciones familiares.

Si se establece el interés de los hijos y se negocia también el de la pareja, entonces en la dinámica doméstica y en materias de la reproducción se ejercerá el poder bien en principio. El obstáculo singular, aislado, más relevante, inherente al sistema familiar conyugal-hogareño al desarrollo del potencial de las personas y los grupos son las relaciones de poder familiares en su aspecto consanguíneo filial y conyugal de géneros.

Aristóteles delineó formas buenas y malas de gobierno y precisó como las formas buenas degeneran en malas. Un enfoque axiológico similar pero aplicado a los hogares y familias es posible y deseable.

¿Cómo determinar el interés-beneficio real de los hijos, de la mujer y de la pareja? Una propuesta se encuentra al finalizar este libro: Las **encuestas de la autoridad en los hogares de la sociedad civil**

II

LAS PREGUNTAS Y LOS SUPUESTOS DE PARTIDA

Las preguntas. Quería saber cómo repercute, en lo doméstico cotidiano y en el ejercicio de la autoridad en la familia, la incorporación de la mujer a la actividad económica externa al hogar. Que la vida familiar había cambiado en relación a las generaciones de fin de siglo XIX y XX no había duda: en sus formas, ritmo y relaciones internas. Cómo era antes y como es hoy se dibujaba nítidamente tanto en la novela como en la historia descriptiva de la vida social. El problema en cuanto al cambio era claro: comparar cómo era antes la vida familiar, tres generaciones atrás, y cómo es hoy.

Comprendía que el trabajo fuera del hogar de la mujer plantea el conflicto en torno de la responsabilidad doméstica: quién hace qué, y en menor grado afecta los choques distributivos: qué se compra y cuándo para quién. Aun así, la evidencia era que las mujeres continúan con el rol de soporte familiar en tanto responsabilidad aceptada.

Visto como parte de los procesos históricos, vivimos frente a la decadencia de un patriarcado todo poderoso en la familia, al menos en el mundo occidental. Por otra parte, obviamente el trabajo de la mujer resulta formando hogares de doble ingreso.

Me interesaba saber cuál es el peso específico de la participación laboral de las mujeres, y todo lo que ello implica con respecto a la autoridad en el hogar y familia, la integración familiar en tanto que la unidad básica de solidaridad entre generaciones, en particular la familia grande de tres generaciones mexicana. Cómo la participación laboral de las mujeres se involucra en las estrategias familiares de movilidad social intergeneracional, con las empresas familiares y en las situaciones de déficit doméstico para cubrir la atención y cuidado de niños, ancianos y enfermos.

Pensé que conocer los cambios en las relaciones internas de las familias, tanto en lo privado particular micro, como en lo socio demográfico cultural público macro agregado, —es decir, cambios en los roles conyugales y filiales, en las normas, responsabilidades y solidaridad asumida, en la perspectiva de género se podría decir— es un requisito para entender las transformaciones económicas y socioculturales como la industrialización, primero, y la globalización con la emergencia de la sociedad del conocimiento informático, después; como también para explicar los comportamientos que repercuten en la fecundidad, migración e incluso mortalidad; en suma, los fenómenos de la transición demográfica.

¿Qué es primero, el huevo o la gallina? La trasformación de las relaciones de rol interna de la familia que permite que salga las mujeres jóvenes y aún las casadas con hijos, al mercado de trabajo, o las transformaciones económicas y demográficas. La correlación de la mutación al interior de la familia —mutación que permita la salida de la mujer a la actividad productiva remunerada– con los cambios en la estructura económica y social completa.

Entre los ejemplos empíricos, había visto que en España la salida de la mujer del hogar al mercado de trabajo urbano se produce en un momento en que las condiciones familiares no se habían modificado y continuaban siendo los roles tradicionales, lo cual se observó entre 1960 y el año 1985. Los años de despegue de la tasa de actividad - 1969 a 1974- no se corresponden con cambios sustanciales en la institución familiar. Se pude afirmar que para el caso español, es al revés, es precisamente el nuevo papel económico de la mujer lo que vino a impulsar a las relaciones internas de la familia hacia nuevas formas. Esto coincide con toda la experiencia y visión teórica de las determinantes de las prácticas anticonceptivas, donde se piensa que la explicación del uso consiente de los mismos supone que los cambios en la estructura social completa pasan luego a afectar los cambios en la estructura familiar y de ahí a cambios en los fines, normas y medios del individuo.

Sin embargo, en los países más avanzados de Europa fueron las transformaciones de la familia debido a cambios en los fines, normas y medios del individuo. Léase la individuación y mayor autonomía de jóvenes y mujeres, la reducción del poder patriarcal y la separación del hogar del lugar de trabajo, lo que favorece o permiten un nuevo rol de las mujeres ampliado hacia la producción en los mercados de trabajo. (Parecería que en las sociedades más atrasadas los cambios sociales se producen por la fuerza de los hechos consumados y no por procesos deliberativos en las organizaciones; que en las sociedades avanzadas primero cambia lo social micro y luego lo económico macro).

Sobre impacto o implicaciones del trabajo de la mujer en la organización doméstica: distribución de tareas, autoridad y control y toma de decisiones

Me preguntaba: ¿Cómo repercute o implica el trabajo extra domestico remunerado de la esposa en la distribución de tareas domésticas y en el sistema autoridad entre las familias según estrato socio económico o clase social? En pocas palabras, quería saber cómo afecta a la integración familiar y al proceso de movilidad social el hecho de que la esposa trabaje en el mercado de trabajo. Me interesaba conocer el conjunto de relaciones internas de la familia y el conjunto de sus relaciones con la sociedad. Preguntaba: ¿Cómo opera la autoridad y la división del trabajo en los estratos socioeconómicos, en particular en la clase media mexicana y latinoamericana?

En un juicio de sentido común sabía que la división del trabajo en la familia, quién sale al mercado de trabajo y quién se queda en casa, depende o de la pura necesidad económica o bien del capricho y deseo de participación laboral de algunas mujeres. Sabía que el igualitarismo ideológico interviene en la repartición de tareas domésticas y que la "contratación" de trabajadoras domésticas desalienta el trabajo doméstico compartido dentro del hogar; pero quería saber si era verdad que las mujeres al trabajar formalmente se adjudican una doble jornada; y si es verdad que un alto status laboral de las mujeres afecta negativamente la integración familiar al provocar una estructura menos compartida de decisiones; definitivamente quería saber si el trabajo remunerado de la mujer favorece o al contrario obstaculiza a la movilidad social en la misma generación o de una a otra generación.

El tema del impacto del trabajo remunerado en la familia-hogar lleva a ver la micro realidad del poder. El

Trabajo remunerado, el status laboral relativo de marido y mujer, las historias ocupacionales y educativas son factores clave tanto para la dinámica intradoméstica como dentro de los grupos de trabajo en las organizaciones. Se implica la distribución o reparto del trabajo doméstico y las relaciones de poder y autoridad, pues afectan al tiempo y energía y estabilidad emocional en el mundo laboral. La mujer al adquirir poder económico traducible en poder de decisión y opciones de vida, plantea al hombre la disyuntiva de compartir o no el trabajo doméstico y la autoridad en las decisiones, control y establecimiento de límites, cohesión y establecimiento de objetivos.

Por eso el tema de la división del trabajo entre los sexos se convirtió en problema con la protesta femenina al haber definido al antes considerado invisible, intrascendente y fastidioso trabajo doméstico como central y crítico en tanto que proceso de mantenimiento cotidiano y de reproducción generacional ligado al engranaje del sistema productivo y a la reproducción social, en particular de la fuerza laborante.

De ahí que pensé que si se estudian empíricamente a las unidades domésticas se podría descubrir cómo la inserción de los esposos en los mercados de trabajo se relaciona y repercute en el reparto de tareas y en la distribución del tiempo dedicado a las actividades de mantenimiento cotidiano, cuidados a los ancianos, de reproducción generacional, y qué implica para con la estructura de autoridad en las relaciones de pareja, conyugales, y entre generaciones, filiales; es decir, cómo repercute en las relaciones internas de la vida cotidiana de la familia y el hogar y en su interacción con los sistemas de la sociedad (mercado de trabajo, escuela, Estado, etcétera).

Lógicamente, cuando la mujer trabaja, y en esta ocupación adquiere un prestigio e ingresos comparables a los del marido, se presenta una situación que tiene una repercusión en el arreglo doméstico, en la dinámica intradoméstica y en la estructura de toma de decisiones. Por tanto, las historias laborales y el status ocupacional relativo de las parejas son variables de importancia para la integración familiar y la satisfacción personal.

Impacto en la integración familiar

La autoridad en la familia es clave cuando se apunta a la relación de la forma histórica concreta del Estado con el carácter y personalidad resultante del proceso de socialización y la figura del padre. Conocía la pregunta de Horkheimer de si acaso hay correspondencia entre la forma de la autoridad paterna y la forma de autoridad estatal[11].

La forma de autoridad patriarcal en su configuración liberal moderna se asocia a la conducción disciplinaria directa del padre sobre los niños y niñas, después jóvenes y señoritas, en el contexto de la ideología conyugal, que si bien da prioridad a la relación de pareja sobre las relaciones filiales consanguíneas, el Padre= Ley se orienta al establecimiento de un supe-ego fuerte controlador interno del comportamiento social de los hijos.

Cuando hablamos de consanguineidad debemos entender esa preeminencia y preferencia arraigada en los sentimientos por los parientes de sangre de ego: padres, hermanos, hijos. Mientras que por conyugalidad, nos referimos a ese traslado de la preeminencia valoral hacia el cónyuge que deja a los parientes de sangre y las relaciones filiales en un segundo puesto y se privilegia

---

[11]   En "autoridad y familia" Max Horkheimer desarrolla el tema.

primero la propia individualidad y después a la pareja conyugal.

Se ha dicho que en México y en la mayor parte de los países latinoamericanos la familia está más unida; que los hijos no abandonan tan jóvenes el hogar; en fin, se afirma que para la cultura latina la preeminencia de la consanguinidad sobre la conyugalidad es un hecho, en contraste con el mundo angloparlante de la cultura sajona[12].

El punto es importante de cualquier manera, pues de la dinámica entre sexos y entre generaciones del presente resultará la socialización política y las predisposiciones conscientes e inconscientes de las nuevas generaciones; en una palabra, resultará la cultura política del siglo XXI.

El poder y la autoridad al nivel de la pareja y de la familia funcionan como con repercusiones tanto en la escala individual como con respecto a la sociedad total, pues el sistema de estratificación social y de privilegios y de exclusiones depende, en importante medida, de la autoridad en la familia. Primero, porque se regula quién se casa con quién y por consiguiente, quién tiene hijos con quién. Es lo mismo que decir que el mercado matrimonial está impactado por la autoridad de la familia.

Segundo, por la colocación y herencia social y económica de los infantes, y por tanto en la reproducción como clase de los privilegios y oportunidades de status. Para las nuevas generaciones y quizá más para las mujeres, del sistema de parentesco y autoridad familiar se determina

---

[12]   Por ejemplo, Larissa Lomnitz y Marisol Pérez Lissaur desarrollan el tema en " Significados culturales y expresión de la familia en México". Documento presentado en la II Reunión Nacional de Investigación Demográfica, México, 1980

la suerte diferencial en el sistema social de distribución de bienes y privilegios por el mecanismo del testamento. La herencia es la entrada más importante de las mujeres para el acceso al poder económico. Tercero, el poder y la autoridad familiar trasluce solidaridad, la cual posibilita el logro de las diversas funciones y metas de la familia. A esto se debe la marcada preocupación por parte de la sociología estructural funcionalista por la competencia interna por el status que se supuso en los años cincuenta del siglo XX acarrearía la incorporación de la mujer al trabajo remunerado en posiciones profesionales de prestigio. No sólo era la amenaza de disolución de sistemas familiares sino también una causa de disfuncionalidad al haber dos cabezas de familia con poder económico en la misma unidad. El modo de asignación de status y clase a los hijos e hijas se trastocaba. Así, podría haber miembros de clases distintas e incluso antagónicas en el seno de una misma casa hogar.

Si la mujer adquiere ingresos comparables o superiores a los del marido se presenta una situación de modificación de la dinámica doméstica y la autoridad (decisiones, control, sanción, límites) de la familia unidad doméstica.

Sin embargo, las inercias culturales con su peso modifican de hecho al poder que una mujer pudiera derivar de sus recursos económicos, sociales o producto de su trabajo, al someterse a la autoridad del varón conforme a los dictados culturales y presiones sociales concomitantes[13]. Por contraste, la autoridad y poder de hecho, si bien no de derecho, de la esposa y madre se incrementa con el correr de los años y sobre todo en la viudez.

---

13   Cf. Burr, W.R., Ahern y Knoweles, E.M. en "An empirical test of Rodmans theory of resurces in cultural context", Journal of marriage and the family, 39 (3): 505-514.

Para Luis Leñero en el inicio del ciclo de vida familiar de todas las familias en México hay una predominante tendencia hacia la composición de una familia-hogar compuesto o mixta. Hay en esta etapa una predominante autoridad masculina del esposo joven o del padre de él; más raramente del padre de la esposa. Sólo se presentan dos frecuentes excepciones. La primera, propia de las familias pequeño burguesas y clases medias que pueden clasificar como de inicial sistema compartido de autoridad, aunque predomine la autoridad formal masculina. La otra excepción son las madres solteras o abandonadas.

En la etapa media del ciclo de vida familiar típico, en cambio, en todos los sectores socioeconómicos aparece una tendencia marcada hacia la familia conyugal-nuclear de autoridad compartida, o en la que la mujer tiene un papel importante en el sistema de autoridad familiar. En la etapa final del ciclo, la mujer adquiere una importancia aún mayor en la estructura orgánica de la autoridad familiar[14].

A conclusiones muy parecidas llegaron Blood and Wolfe. Ellos establecieron que el poder del esposo es mayor en las familias cuando los hijos son pequeños durante los años de la crianza y que el poder el marido declina con la edad en los años de retiro. Sin embargo, un debilidad de estas conclusiones proviene de observar y analizar distintas parejas, distintos hogares, en diferentes momentos del ciclo de vida, trasversalmente, como fotografías; y no de estudiar a las mismas parejas prospectivamente a lo largo del tiempo[15].

---

[14]   Cf. Leñero, Luis, "El fenómeno familiar en México", IMES, AC, México, 1983.

[15]   Cf. Blood, R.O. and Wolfe, D.M." Husbands and wives", Free Press, New York, 1960.

En suma, las relaciones conyugales de poder y autoridad aparecen en las sociedades industriales como asunto más bien convenenciero de alternativas y mejor opción al matrimonio, lo cual se matiza en otros contextos culturales, en donde los niveles macro de políticas públicas, leyes, normas y costumbres son más favorables al varón.

El caso latinoamericano en donde destaca la desigualdad social, la presencia de la ideología de la familia conyugal, dispositivo afín con la ideología política liberal, entró en las sociedades a través de voceros, antes de que las condiciones materiales de su existencia estén presentes. Ideología que preparó a los individuos a las demandas de la nueva sociedad. Los primeros voceros fueron las élites y la vieja burguesía; pronto el debate se extendió a todos los niveles de la sociedad, y estos principios fueron implementados por leyes ad hoc y por decisiones de las cortes o tribunales del poder judicial. En muchos casos, el resultado lejos de ser una nueva posición social y papel de la mujer fue la acentuación de la ambivalencia normativa en el nivel de las instituciones y en el de la personalidad, que condujo a pautas contradictorias de acción que son un obstáculo más para el desarrollo de estas regiones[16].

Aparecieron políticas de vivienda multifamiliares que les partió el esquema de la familia extensa tradicional de valores fuertemente consanguíneos. Por su parte las unidades económicas campesinas obstaculizan el esquema que comprende la igualdad, libertad y autonomía individual. Así, políticas como la creación de guarderías posibilita arreglos domésticos cotidianos favorables a

---

[16] La ideología de "Genero" y las políticas públicas y la ética derivada, impulsadas por la ONU, se orientan a la modernización del rol femenino y masculino en familia y en sociedad en Latinoamérica y todo el mundo.

la permanencia casi ininterrumpida de la mujer en la actividad remunerada. Políticas como la de planificación familiar fomentan la racionalidad procreativa, si bien con frecuencia contradicen los principios de libertad e igualdad liberales y acaban por ser un dispositivo que intenta el control de la sexualidad y cuerpo de las mujeres.

Supuesta una relación de correspondencia entre las estructuras políticas macro con la microfísica del poder y la autoridad en la familia sigue preguntarse cómo condiciona el mundo público de las políticas de bienestar y seguridad social a la experiencia cotidiana de la vida familiar y a sus usos de disciplina, normas, mando, sanción y toma de decisiones que afectan al grupo. ¿Cómo las políticas públicas facilitan u obstruyen la formación de matrimonios de autoridad compartida y a la división del trabajo en las unidades domésticas?

Condiciones de explotación e injusticia y violencia doméstica

Y así se puede ampliar la lista de preguntas vinculadas con el tema: ¿qué tanto peso tuvo la masiva apertura a la educación superior para las mujeres en las últimas generaciones con respecto al cambio de las relaciones internas de la familia en los hogares? ¿Cómo va cambiando típicamente el patrón de relaciones de rol internas a lo largo del ciclo de vida familiar?

Concretando estas preguntas sobre las relaciones internas de rol quería saber ¿En qué estrato socioeconómico esposo y esposa derivan iguales beneficios de la división del trabajo dada y en cual los hombres o las mujeres explotan, al asignarles el rol de servidora doméstica no pagada, o de "buey" sustentador? ¿Cómo la división del trabajo afecta el balance de poder en la familia, a la autoridad y cohesión familiar? ¿La mujer tiene voz y voto en las principales decisiones? ¿Se manejan tácticas de resistencia y de venganza subliminal por las mujeres o por los hombres? ¿El balance de poder cambia cuando la esposa toma o tomó antes del matrimonio un empleo remunerado y desarrolla intereses fuera del hogar?

Estado y autoridad patriarcal y/o autoridad compartida

Paralelas a este problema específico corren un número de interrogantes. Tal es el caso de la pregunta de por qué y cómo se da el cambio de los sistemas familiares. ¿Qué relación guarda el cambio del sistema familiar y del papel de la mujer con la industrialización, la urbanización y con la propaganda e imitación de comportamientos. ¿Cómo pensar el cambio de los sistemas familiares desde la perspectiva demográfica? En el nivel interpersonal, ¿las mujeres se han liberado en tanto género de la opresión masculina, o estamos ante nuevas formas de dominación masculina, quizá desplazadas del hogar a la esfera ocupacional? Las mujeres, al conquistar un poder económico por su participación laboral ¿transforman las relaciones de rol internas de la familia o estas deberían estar modificadas antes de que la mujer salga a la esfera ocupacional? Este poder económico femenino ¿acarrea pérdidas de autoridad y desintegración familiar? ¿La participación laboral de las mujeres la impuso el sistema económico para algunas clases mientras que en otras es opcional? ¿Cuál es el impacto real de las modificaciones legales y nuevos derechos de la mujer en las prácticas reales de control y sanción al interior de las familias?

III

LA TEORÍA Y LA ACCIÓN INTELIGENTEMENTE LLEVADA PARA REFORMAR LA AUTORIDAD EN LOS SISTEMAS FAMILIA-UNIDAD DOMÉSTICA (HOGARES)

A) Sociología de la familia, del matrimonio y de la dinámica de los hogares en el mudo

Expreso ahora admiración por la sociología de la familia y los hogares anglosajona. Consta de una tradición de investigación; así también por su antropología y psicología social. México y Latino América tienen lo suyo. Pero ni los anglosajones ni los latinos han generado hasta ahora un lenguaje inequívoco para la investigación científica propiamente dicha. Se confunden las prescripciones con las explicaciones causales, y para referirse al mismo objeto, fenómeno, proceso o mecanismo social básico, existen conceptos y términos alternativos que no siempre se logra volverlos operativos para la observación empírica. Se puede decir que cada universidad o centro de investigación o agencia estatal posee su propio lenguaje para hablar de la familia y los hogares: la Torre de Babel para investigar la familia y los hogares.

B) Marcos teóricos utilizados al presente en los estudios de familia

No obstante lo anterior, en México como en el resto del mundo se ha investigado a los hogares y la familia en cuatro grandes vertientes. La primera lo forman los llamados **ensayos preceptivos o didácticos**, que son reflexiones del sentido común y con lenguaje coloquial que muchas veces aparentan un rango de ciencia por su explicitación de marcos teóricos y de supuestos e hipótesis. Tienen la pretensión de regular la vida cotidiana en los hogares mediante normatividad e influencia en la dinámica de las parejas y las familias, con diferentes resultados. Se vienen presentando cada vez más en el secularizado mundo moderno en competencia con las tradicionales orientaciones de las religiones sobre los hechos básicos de la vida: nacimiento, matrimonio, cópula, crianza y muerte.

La segunda vertiente atañe a las investigaciones de **tipo socio gráfico y descriptivo** las cuales a su vez presenta tres variantes: 1) Demográfica censal; 2) Antropología de comunidades y 3) Estudios de caso con perspectiva antropológica o bien psicológica.

Se diferencia por su intención la tercer vertiente que corresponde a los **estudios conductistas tipo CAP (Comportamientos-Actitudes-Prácticas)** orientados a la promoción de la planificación familiar y el control natal.

La cuarta y última vertiente abarca el conjunto de investigaciones realizadas a partir de marcos teóricos, lenguajes e hipótesis bajadas de alguno de los magnos **paradigmas estructuralistas de las ciencias sociales**. Son los siguientes:

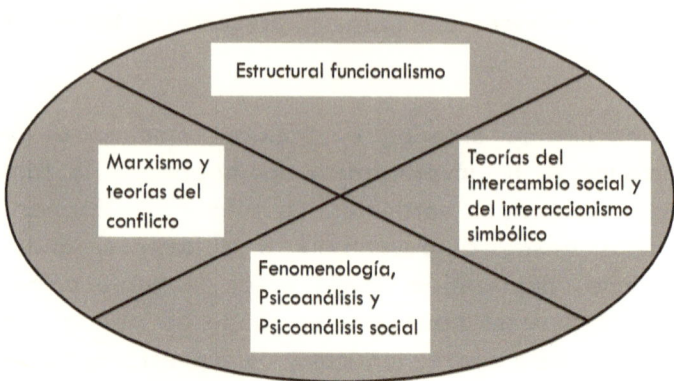

C) Tiempos implicados y ejemplos

A compartir voy una reflexión en torno la referencia de tiempo a que toda investigación empírica descriptiva está sometida; o sea, que todo estudio de familia y unidad doméstica real requiere una técnica de recolección de datos la cual o es experimental o no es experimental. Si no es experimental como en el caso casi unánime de las ciencias sociales, por razones de sobra ventiladas, es precisa una referencia al tiempo: pasado (retrospectivo), presente (transversal) o futuro (prospectivo longitudinal).

➢ Retrospectivo "después de los acontecimientos" (ex post facto) ¿Qué <u>variables independientes se asocian con la autoridad patriarcal funcional o disfuncional</u> —variables independiente— en las generaciones de los padres y abuelos de las parejas que viven a la facha las nupcias o unión conyugal?

➢ Longitudinal. ¿Qué fenómenos de funcionalidad o disfuncionalidad presentará en lo sucesivo la autoridad medida cada 5 años en matrimonios sucedidos en el 2010? Asumiendo que en el momento de la unión había concordia y funcionalidad en las relaciones de poder. O bien tomar una cohorte patriarcal, otra igualitaria y preguntar para observar qué tasa de divorcio presenta en los 2, 4, 6, 8, etcétera años siguientes.

➤ Prospectivo. ¿Qué causa la autoridad patriarcal; es decir, de qué es condición necesaria y suficiente. En censos y encuestas de hogares unidades domésticas que declaren asumir autoridad paterna, como variable independiente, qué fenómenos dependientes de la funcionalidad o disfuncionalidad de la autoridad se irán presentando, en una cohorte observada cada cinco años.

➤ Trasnversal *"cross sectional" (de corte)*. ¿Cómo funciona la autoridad patriarcal —variable dependiente— en destinos hogares familiares unidades domésticas en el mismo momento, en distintos casos, donde se diferencian uno del otro por estar cursando por un estadio del ciclo familiar y de los ciclos de vida de las personas? ¿Con qu se asocia la autoridad patriarcal funcional en distintos grupos en el mismo momento?

D) Elementos del Sistema de autoridad familiar intradoméstica

La siguiente lista pone atención en dimensiones del fenómeno de la autoridad intrafamiliar; la lista no es exhaustiva.

• Conflicto de valores modernos con los valores tradicionales patriarcales, es decir: individuación, igualdad vs respeto, orden, dirección, obediencia, etc.

• Procesos de transición paralelos: 1) individual en sus cursos de vida; y 2) del grupo familiar como organización en sus etapas.

- Roles (conjunto de normas y expectativas, derechos y obligaciones sociales) según género, generación y relación de parentesco y posición en la estructura, como fuerzas sociales.

- Proceso de administración de la economía del hogar unidad doméstica.

- Discurso intrafamiliar de incentivos y motivaciones de asignación de tareas y responsabilidades en relación con los valores sociales tradicionales y modernos. Apelaciones, recompensas y castigos morales y afectivos, chantaje sentimental y manipulaciones.

- Conjunto de afectos, desafectos solidaridad, hostilidad pasiones, agrados y desagrados, según posición en la estructura.

- Incentivos monetarios y de coerción.

La autoridad intradoméstica-familiar es un orden y un sentido intergeneracional; orden aquí y ahora y dentro de la cotidianidad el día a día, semana tras semana; y un sentido dentro de la reproducción generacional y la inmanencia de la tendencia a la mejora de las capacidades y condiciones de vida. El orden se logra con algunos instrumentos, como son entre otros:

- Normas (particularistas, afectivas y difusas)

- Comunicación

- Expectativas sociales de solidaridad

- Sanciones

- Exhortaciones morales y recriminaciones.

- Chantajes sentimentales

Definición declarativa: La autoridad intradoméstica-familiar hace valer normas, imponiendo costos a las transgresiones, las cuales son resultado de la necesidad de disponer y establecer límites y fijar expectativas de acción reciprocas y conocidas en la cotidianidad y en los cursos de vida de los miembros emparentados o convivientes de un contexto organizacional de hogar.

Para un acercamiento operacional empírico de investigación, el siguiente cuadro de sistematización del concepto de autoridad intradoméstica podrá ser útil.

Sistematización del concepto de *autoridad doméstica-familiar* por niveles de abstracción y según tratamiento.

Nivel de abstracción	Características	Información y tratamiento requeridos
1	Sostén (householder)	Si-No
2	Modo de sancionar	Tipología de sancionar prevaleciente
3	Modo de incentivar	Tipología de incentivar prevaleciente
4	Modo de decidir	Tipología de decidir prevaleciente
5	Modo de establecer objetivos	Tipos prevalecientes
6	Modo de coordinación-dominación	Tipos existentes
7	Otras	

IV

A PROPSITO DE LOS ESTUDIOS DE FAMILIA, LA AUTORIDAD Y EL TRABAJO DE LA MUJER

Mucho se ha pensado y escrito hipotéticamente sobre la autoridad familiar y la división de tareas entre los sexos o géneros en el hogar y en la sociedad. Tal reflexión surge a la par del proceso histórico del surgimiento de la familia moderna y su elemento de primacía del individuo (individuación) sobre el grupo, y de la incorporación de la mujer a la actividad económica remunerada. Este proceso, ahora claro, pasó por fases en que no correspondía con las ideas, valores y principios tradicionales: periodos de cuestionamiento, contraculturas y carencia de normas (anomia) en algunas áreas de la tradición familiar.

A nadie escapa la importancia de las opiniones y creencias sobre la familia en general que cada quien tenga para su propia y particular organización de la cotidianidad y su propia existencia en familia; y a través de ésta, para la reproducción generacional de la sociedad. La vida conyugal y familiar es un ámbito extremadamente sensible a las valoraciones de los comportamientos y a las definiciones de lo que se piensa que es lo "normal" y lo "desviado". De lo que resulta que todo intento de investigación empírica (experiencia) de esta realidad queda expuesto a desviaciones subjetivas frente al objeto de estudio, es decir a proyectar sus propios valores y experiencias, en un grado mayor que en otras áreas de exploración de la vida social.

Por eso es útil anclar el debate y las opiniones en el contexto intelectual; ese debate y opiniones sobre las relaciones entre la mujer y el hombre, debate que parce no tener principio ni fin. Y en consecuencia, amarrar la polémica sobre el cambio de costumbres, formas de organización y leyes; y sobre la articulación de lo cotidiano e íntimo con las transformaciones económicas y políticas macro. Para anclar las opiniones en el ambiente teórico y facilitar el trabajo de investigación, se debe conocer el cuerpo visible de teorías establecidas y/o emergentes que se ocupan del tema.

Hay tres preguntas implicadas en el tema de familia y trabajo de la mujer dentro de este cuerpo teórico. La primera es sobre el resultado que el cambio en la división familiar del trabajo (por la salida al mercado laboral remunerado de la mujer) tiene sobre el desempeño de las funcione que cumple la familia: crianza, socialización, ajuste psico-sexual, reproducción cotidiana de la fuerza de trabajo, entre otras.

La segunda es la interrogación de cómo esta nueva división del trabajo afecta el balance de poder y autoridad conyugal: ¿La mujer adquiere voz en las principales decisiones? ¿El balance de poder cambia cuando la esposa toma un empleo remunerado y desarrolla intereses fuera del hogar?

Por último, es la duda de si acaso esta nueva división del trabajo entraña nuevas injusticias no previstas y no definidas aún.

En las páginas que siguen se encontrará elementos que pueden, eventualmente, ayudar a enfocar objetivamente el fenómeno familiar para después responder con certeza a las tres interrogantes mencionadas. Lo que sigue es un recorrido a toda marcha, por senderos teóricos en búsqueda de perspectivas de investigación y de maneras de captar los datos de la realidad empírica.

La Escuela de Frankfurt y la Mujer

El análisis de la relación de la autoridad y control intradoméstico con la formación del carácter y la personalidad florece como propio de la Escuela de Frankfurt. Sus miembros se ocuparon de la autoridad en la familia como parte de su crítica al autoritarismo Nazi. De manera simultánea en los Estados Unidos George Herbert Mead (1938) enunció el concepto de "Otro Generalizado"[17]. La Escuela de Frankfurt prestó atención a la relación padre-hijo y a la dependencia económica de la esposa, dibujada como interesada en conservar el orden social; quizá por ello la cuestión de la participación laboral de la mujer y su repercusión en las labores domésticas y autoridad familiar está ausente. En la Escuela de Frankfurt prevalecía la afirmación e imagen de una diferencia psicológica natural entre los sexos (géneros) y de una distribución con base en ello de tareas y actividades en el hogar, la sociedad y la familia: el hombre instrumental (ámbito de los trabajos y funciones) y la mujer afectiva relacional (ámbito de la sensibilidad).

---

[17] El concepto de "Otro Generalizado" se refiere al conjunto de expectativas colectivas que el individuo cree que los otros miembros de la sociedad tienen con respecto a él. Es otro enfoque del proceso psicosocial de formación del carácter y la personalidad.

La fusión del psicoanálisis con el marxismo consumada por Horkheimer, Adorno y Marcuse[18], entre otros e incorporando gran parte de las ideas de Engels y de William Reich[19], el primero sobre la institución familiar, en su evolución, y el segundo sobre la represión de los impulsos sexuales, condujo a una visión de la estructura de la familia en proceso de ser modificada por el modo de producción, que transforma la estructura de clases, en detrimento de la pequeña burguesía en las primeras etapas del capitalismo, y en ese contexto, el padre de familia individualista y organizador (rol instrumental) y modelo para los hijos, y en este sentido, suponían teóricamente que la estructura de la familia y su organización interna la determina la economía y clase social y en última instancia, el *modo de producción*, concepto este que reclama una peculiar jerarquía, ni abstracto ni concreto, sino síntesis de múltiples determinaciones"[20]: constructo teorético, no empíricamente observable propiamente. En esta perspectiva, los fenómenos de la autoridad y su introyección psíquica en las nuevas generaciones como una "obligación de Estado", revisten una importancia decisiva en la explicación del comportamiento político de los individuos; tema que fue obsesivo ante la emergencia del nacismo y del fascismo, y que sería la principal explicación teórica de la personalidad autoritaria (Adorno, et. al, 1950). Por lo demás, la Teoría Crítica de la Escuela de Frankfurt

---

[18]   Theodor Adorno, *La personalidad autoritaria,* Harper and Row, London, 1950; Herbert Marcuse, El *hombre unidimensional* Ed. Ariel, México, 2007; Max Horkheimer, *La familia y el autoritarismo.* En La Familia, Ed Península, Barcelona, 1978

[19]   Federico Engels, *El origen de la familia la propiedad privada y el Estado.* Ed Era. México, 1978; Wilhelm Reich, *La función del orgasmo,* Ed. Paidós, México, 2006

[20]   Bartra, El poder despótico burgués, Ed. Era, México,1979.

encuentra en la dominación en familia la raíz de la opresión de las mujeres, de los hijos e hijas y de los y las jóvenes.

Por esos años, la estructura de la familia como unidad de producción, dejó de ser el interés predominante entre los teóricos sociales, al considerar como propia de las sociedades preindustriales. El cambio a una posición en la cual *la reproducción cotidiana y el consumo* dominaban sus operaciones a expensas de la producción, era por donde quiera el tema líder. Por estructura normativa de la familia se entiende en la jerga antropológica una fórmula, una receta específica para *la reproducción cotidiana y generacional* del grupo familiar doméstico: para la reproducción social. Las variaciones en la estructura de la familia incluyen variaciones en los modos y tiempos aceptados de selección de compañero/a (endogamia/exogamia); en la forma de matrimonio (monogamia/poligamia); en las reglas de autoridad (patriarcal, matriarcal o compartida); en las reglas de descendencia y herencia (patrilineal/matrilineal y en algunos lugres y tiempos bilateral); en las reglas de residencia (patrilocal/, matrilocal y en la sociedad moderna por lo común neolocal).

La organización doméstica se refiere a los arreglos específicos entre los miembros de un grupo domestico concreto para realizar actividades de producción, distribución y consumo, o sea las labores y actividades dentro del hogar (household) incluida la autoridad y control. Es un instrumento para el análisis. En tanto la familia unidad doméstica deja de ser una unidad de producción en sentido estricto, la obtención de ingresos monetarios ocupa ese puesto entre las actividades de organización social de la cotidianidad de la unidad doméstica familiar.

En este contexto son pensables distintos modelos o diseños (patterns) de alternativas de relación entre los sexos y de crianza de los hijos para la vida cotidiana y la reproducción social.

En particular, con respecto a la autoridad y el control, en el sistema patriarcal, el poder y la autoridad se depositan en el hombre, con los mayores usualmente en el ejercicio de un poder arbitrario. El sistema patriarcal es común a través de la historia y sobre todo el mundo. Los antiguos hebreos, griegos y romanos; los hindús y mahometanos; los chinos y japoneses, son algunos ejemplos. Descendencia patrilineal, herencia patrilineal y residencia patrilocal y primogenitura están todos asociados con el dominio masculino. Además, la poligamia, un doble estándar de moral sexual, privilegio masculino para el divorcio, el arreglo de los matrimonios de los hijos e hijas por los adultos, un bajo status y sujeción para las mujeres, guardan asociación con el patriarcado.

El Pensamiento Feminista

Contra el patriarcado se alzó el feminismo. Para **Kate Milett** (1975), el patriarcado es una autoridad masculina perpetuada a través de los siglos y gracias a toda clase de ideologías e instituciones. El patriarcado es la política sexual por medio de la cual los hombres establecen su dominio y mantienen su control. El patriarcado es devastador porque ha penetrado en todas las clases sociales en las diferentes sociedades y épocas históricas. La rebelión femenina atañe a lo personal y a lo colectivo, subvierte el lenguaje —como portador de símbolos de opresión—cuestiona los mitos y a la tradición religiosa, y lucha por el nacimiento de una nueva mujer con una concepción de la vida que transforme no sólo el sistema sociocultural y al sistema político-económico y las instituciones e ideologías que lo apoyan, sino también el subconsciente masculino y femenino. El papel del ama de casa, pues, ha condicionado en gran parte la conciencia femenina y no es de extrañar que la subordinación y supeditación que este implica haya sido el gran determinante de la lucha del nuevo feminismo, que considera que sólo liberándose del trabajo doméstico, como imposición social, económica y cultural, socializando las tareas del ama de casa obligada individualmente a asumirlas, será posible vislumbrar una autonomía auténtica de la mujer.

El rompimiento de la familia nuclear jerarquizada con una autoridad del padre centrada en la crianza de los hijos, en otras palabras el ideal de transformar e innovar la institución, ha levantado la cuestión de si la familia, como cualquier otro establecimiento social, puede ser reformada sobre principios de consenso igualitario. Para la mayoría de los hombres la noción de jerarquía familiar en la cual el hombre es la autoridad final es vista como necesaria para la unidad de la familia; el marido debe tener derecho a decidir el lugar de residencia, dar su nombre a la mujer y decidir sobre la educación de los hijos. Esto es, piensan que la ley está en lo correcto si da poder de decisión al hombre en todos los respectos y asuntos de la vida conyugal y como progenitores.

Michels (1966), señaló que entre la intelectualidad francesa de su época había juicios de valor implícitos, frecuentemente expresados como juicios empíricos. Primero, la noción de la emancipación de las mujeres y los niños y niñas es idéntica con la idea de "desintegración". Segundo, el concepto de solidaridad de la familia es visto como idéntico con la autoridad del padre. Tercero, la "unidad" de la familia es identificada con las prerrogativas del padre esposo[21].

---

[21]   Citado por William Goode, en *World Revolution and Family patterns.*

Michel Mitterauer y Sidner Reinhard (1982) en su *"The European Family"* se inclinan a pensar que la familia como forma social que da protección, debe siempre tener una cabeza; como un agente socializador debe ser capaz de ejercer autoridad.

¿Cómo funciona pues, la familia igualitaria que implica teóricamente igual distribución del poder y autoridad entre maridos y mujeres? Intentemos una respuesta, antes de abordar elementos de la Teoría de la Modernización en relación a este asunto.

Diré que: La palabra mágica de una autoridad compartida de la pareja con hijos no adultos es *"alcanzar acuerdos"* en diferentes áreas de decisión e interés como son el dinero el trabajo doméstico y en el mercado de trabajo, uso de tiempo, familias políticas y educación de los hijos; esto en una lista no exhaustiva. *Las condiciones necesarias* son buen nivel de educación de ambos, vivienda adecuada, respeto, veracidad, afectos positivos; esto en una lista también no exhaustiva. El punto importante a resaltar es que la posibilidad de crear una organización de familia unidad doméstica de autoridad compartida existe realmente tanto teórica y más importante, como ejemplos positivos abundantes. Sin embargo, con hijos adultos, la organización requiere un replanteamiento a profundidad para decidir sobre las condiciones de un carácter participativo también de los hijos o hijas o bien la separación de miembros: *"el vuelo de los pájaro ya formados"*.

Sociología Funcionalista y Teoría de la Modernización

Exponentes notables de la visión funcionalista y de la modernización son **Talcott Parsons y Gino Germani.** La filosofía de la historia subyacente a la Teoría de la Modernización entiende a la historia humana como un proceso lineal de progreso modernizador en el cual las funciones sociales están crecientemente diferenciadas dentro de estructuras separadas. La familia es el agente principal de socialización, el mecanismo más importante que imprime en la nueva generación los valores del orden social. **Talcott Parsons** (1955/1978) dentro de esta visión general, entendió contemporánea percepción de los roles sexuales la dominación del padre como principios inviolables. El esposo asume el rol instrumental proveedor, organizador, señalador de objetivo y maneja el arreglo de los medios; la mujeres esposa asume el rol expresivo de amor-devoción, de integración persuasiva, de mediadora de conflictos, etcétera —en realidad cada cultura da diferentes matices a estas supuestas funciones naturales; y surge un desequilibrio cuando la mujer asume también el rol instrumental. En esta teoría la familia es una institución que cumple las funciones de *reproducir las pautas básicas* (socialización) y de *latencia* (control social a través del manejo del conflicto y de la tensión).

Robert F Winch y B Lumberg (1952) reducen esas funciones básicas sociales a dos: las instrumentales (que sirven al sistema social) y las expresivas (que sirven a las necesidades individuales). Las instrumentales son las funciones reproductivas, económicas, políticas y educativas; las expresivas son la religión y la socialización. Pero además de las funciones básicas sociales, distinguen a las funciones derivadas: Entre estas últimas, la instrumental es dar posición; y la afectiva es la gratificación emocional.

Pero regresando a la perspectiva teórica de Talcott Parsons, la familia está regida por valores difusos y particularistas, en contraste con la especificidad normativa y las pautas universalistas del mundo laboral. En ella, las relaciones entre los miembros son afectivas, y no como en la empresa que se espera encontrar relaciones neutralmente afectivas.

Talcott Parsons define las propiedades de la estructura social de la familia norteamericana como sigue: es un *sistema conyugal* (énfasis en el matrimonio más que en la unidad biológica consanguínea), *abierto* (no endogámico), *multilineal simétrico* (no hay prioridad de status en favor de ninguna línea de las dos familias de orientación), *neolocal* (creación de una unidad doméstica y no incorporación de la pareja recién casada en alguna otra unidad familiar), *sin una discriminación específica en favor de una línea de descendencia ni orden de nacimiento* (libertad de testar), e *igualitario entre los cónyuges*. Esta estructura de la institución, mayoritaria y prototípica, tipo medio, no la generaliza ni a las élites ni a los sectores marginales de la población norteamericana.

Estructura conyugal, abierta, miltilineal simétrica, neolocal con libertad de testar e igualitaria. La estructura de la familia norteamericana se corresponde, se ajusta funcionalmente, con las exigencias de su sistema ocupacional, en particular con la exigencia de movilidad geográfica y con los valores de logro frente a los adscriptivos del mundo preindustrial donde los mayores de las familias extensas controlaban el acceso a las oportunidades. Sin embargo, la estructura de la familia es vista con sus propias condiciones funcionales, entre los que destaca un límite a la competencia y diferenciación interna entre los miembros (límites a la pérdida de solidaridad e integración).

En esta perspectiva tanto la tarea doméstica como la autoridad y control intradoméstico no parecen requerir análisis ni explicación. Volveremos con Parsons, pero antes pasemos con **Gino Germani;** sólo hay que resaltar que **Parsons** considera natura la división del trabajo entre sexos; lo cual extraña, pues en los días que escribió, la mujer norteamericana había encontrado nuevos puestos fuera del hogar, además de que paradójicamente él considera igualitaria la autoridad familiar norteamericana aun sobre la base de una división tradicional del trabajo.

Desde el punto de vista de la modernización, **Gino Germani** (1967) destaca el cambio de la estructura de la familia y de las relaciones de parentesco como componentes clave de la modernización social, la cual está en interacción con los aspectos económicos y políticos de este proceso.

En la perspectiva de **Germani**, igual que en la de **Parsons**, el cambio de la estructura de la familia es la dirección conyugal-nuclear es un fenómeno que, desde la teoría, se predice se dará en las condiciones del proceso de modernización. Se predice y se corrobora el hecho histórico evidente a escala global de una trasformación desde la familia tradicional patriarcal rural hacia el modelo conyugal nuclear urbano. Sin embargo, esto no se corrobora en todos los casos nacionales, ni tampoco hay una descripción, análisis y explicación contundente de las fuerzas y condiciones que producen tal transformación. Se sigue que en realidad el proceso es mucho más complejo de lo que en un tiempo se pensó.

Para Germani, la secularización de la familia en el contexto de la movilización e integración de una sociedad en transición conduce a la forma nuclear y disuelve a la familia extensa; y que dentro de la unidad nuclear el autoritarismo masculino declina, la igualdad entre los sexos y generaciones aumenta y se toman decisiones racionales sobre cuestiones que antes se consideraban fuera de toda discusión, como cuando se planifica la familia. Por otra parte, **Germani** introduce la idea de que durante la modernización, en la transición, hay una ambivalencia normativa en el nivel de las instituciones y en el de la personalidad, que resulta en pautas de acción contradictorias que pueden aquejar obstruyendo la industrialización y el desarrollo social. El resultado es que se aceptan ciertas normas pero se practican conductas desligadas o no acordes del todo a dichas normas; o por el contrario, se cambian comportamientos sin desplazar anteriores valores y normas. En el ámbito de la familia, con frecuencia no hay consistencia o enlace entre las experiencias domésticas, las expresiones verbales, la normatividad social y las ideologías sobre el tema. Se establece una tensión entre los valores modernos igualitarios individualizadores vs los valores tradicionales del patriarcado y la primacía del grupo sobre el individuo, la cual se reproduce con arraigo en las economías emergentes.

Talcott Parsons, que como se dijo ve en el sexo o género la base biológica de las funciones entre los consortes, conceptualiza a la familia conyugal aislada norteamericana como una respuesta adecuada al ajuste con los requisitos de la estructura ocupacional. Y ambas estructuras, la concerniente a mundo del trabajo y de la vida íntima, como dimanaciones de la primacía del éxito competitivo y la igualdad razonable de oportunidades. El sistema de la familia conyugal-nuclear centrado en la cualidad emocional de la relación de pareja en tanto eje estructurador debe mantener el ajuste con la estructura ocupacional, y tal ajuste debe ser mantenido y protegido por medio de mecanismos segregadores de ambas estructuras. Una de esas necesidades que hay detrás de la segregación funcional es la psicología que al parecer pensó ser particular de los norteamericanos, que requieren un nido de refugio hogareño, base para el descanso ante las presiones del mundo altamente competitivo y racional de la esfera ocupacional. Pero la explicación cardinal que ofrece el funcionalismo a la necesidad de mantener separados lo público de lo privado, y de nuevamente encuadrar a las mujeres en el segundo, viene desde el punto de vista del sistema total de estratificación social y status. Siendo la ocupación e ingresos del cabeza de familia la fuente de la posición de todo el grupo familiar nuclear, no podía haber competencia interna pues conduciría a un mayor desacuerdo en las decisiones conjuntas y en las acciones correspondientes, y por tanto, a mayor insatisfacción y en los casos extremos, ruptura de la convivencia que no excluye un abandono en diversos grados de los hijos y al desequilibrio psicológico de los miembros de la pareja disuelta.

Lo hechos sociales posteriores a la formulación teórica de Parsons en los Estados Unidos no ratifican al 100% esta visión del jefe de familia como origen del status del grupo e individuos. Por el contrario, como se dijo (infra, p. 31), en los censos de población *el término jefe o jefa de familia fue descontinuado, desde 1980, debido a los cambios sociales recientes por los cuales la responsabilidad de sostenimiento del hogar se comparte entre los miembros adultos. Se usa ahora la categoría householder para fines de establecer las relaciones familiares, en este caso con la persona propietaria de la vivienda o quien tiene el contrato de renta.* Sin embargo, como también se dijo, el termino *hausholder,* dentro de los censos y encuestas de hogares, suprime el análisis de la autoridad intrafamiliar y se concentra exclusivamente en la microeconomía hogareña.

Por otra parte, el mismo sistema de estratificación, para el cual es la familia y no el individuo, entraría en ambigüedades.

En esta perspectiva, el trabajo remunerado de la mujer, pero en mayor medida el de la mujer triunfadora que desarrolla una profesión y obtiene elevados ingresos, tiene una secuela negativa, disfuncional, para la integración conyugal. Y genera que se estropee la unidad familiar o fractura de roles sociales cuando uno o más miembros fallan en desempeñar adecuadamente sus obligaciones de rol. Y si la mayoría de las mujeres abandonases la función procreativa y de crianza sería catastrófico.

Sin embargo, cuando se cambia la definición del comportamiento adecuado de las esposas, y se hace énfasis sobre la estabilización de la economía hogareña con los ingresos de la esposa se pone de manifiesto que las cónyuges de maridos de clases bajas tienen más probabilidad de ingresar en la fuerza de trabajo que las esposas de maridos de las clases altas. Por otra parte, parece probable que las mujeres de la clase medias y alta más frecuentemente prefieran trabajar, mientras que las de las clases bajas, tendrán que. Además, entre las parejas con educación universitaria de la clase media consideran que la estrategia de juntar dos ingresos redundará en una considerable capacidad de ahorro y, por ende, en la deseada movilidad social en un mediano plazo. Por otra parte, si se supone y se tiene por premisa de que las mujeres de clase media tienen que trabajar para tan solo estabilizar el ingreso de la unidad doméstica, se puede concluir que esta clase está perdiendo posición relativa, y que las nuevas generaciones de parejas conyugales consiguen un nivel de ingresos y perspectivas inferior al que tuvieron sus padres en su momento. No entrare a un análisis de los ingresos de los hogares por ahora, para lo cual concurren diversas dimensiones.

Luis Leñero y Maricarmen Elu (1968/1984/1985) en una primera etapa coincidían, aunque por distintos caminos, con esa preocupación por la solidaridad que rompe la mujer con un status laboral igual o superior al del marido, dentro de los parámetros de ingreso y prestigio de su clase social. En una etapa más reciente, estos autores cambian su perspectiva. Ellos calculan que sólo un reducido sector dentro de la clase media mexicana y en el caso de las mujeres que trabajan antes de casarse, trabajan por gusto y como directo imperativo de desarrollo personal. Y que esto no significa que por el hecho de trabajar por gusto, no dejen de presentarse una serie de consecuencias que tienden a modificar el papel doméstico de la mujer y el ritmo de la vida familiar como tal. Uno de ellos, señalan, es el cambio de la simetría de las tareas "masculinas" y "femeninas" en la familia; otra, es el de la concepción de la procreación.

Pensamiento Francés Estructuralista, Sociológico e Histórico

En el mundo del pensamiento francés estructuralista, sociológico e histórico surgió **Michel Foucault (1982),** quien pensó que la historia de la sexualidad debe ser entendida en términos de relaciones de poder y no de represión, como hasta Wilhelm Reich. Por relaciones de poder Foucault entiende una confrontación estratégica —es una lucha—. Dos instancias asimétricas, una más fuerte que la otra, y de esta lucha se desprenden influencias sobre comportamientos y no comportamientos, pero no es correcto pensar que se esté atrapado en las relaciones de poder; siempre hay la posibilidad de cambio. Ciertamente no se puede salir de la situación, y no tiene sentido decirse, tampoco, libre de toda relación de poder; pero es posible cambiarla. La resistencia se engendra en el interior de esa dinámica: si no hubiese resistencia no habría relaciones de poder; sería tan solo asunto de obediencias. Se usan las relaciones de poder en situaciones donde no se hace lo que se quiere. La resistencia viene primero y las relaciones de poder se modifican forzosamente con la resistencia. **Decir "no"** es a la vez la forma mínima de resistencia y la decisiva también.

Pero resistencia es más que negación: es también un proceso creativo. Crear y recrear la situación. Por consiguiente, en los asuntos humanos, donde hay poder hay resistencia, también tratándose de relaciones entre sexos y entre generaciones. El poder, enfatiza Foucault, no solo es una fuerza negativa, sino una productiva. El poder está siempre allí, y la resistencia nunca se encuentra en posición de exterioridad frente al poder. La resistencia es parte de esa relación estratégica en que el poder consiste. La resistencia siempre descansa sobre la situación a que se enfrenta.

A la sexualidad Foucault la pensó como intensificada en el discurso de la burguesía y finalmente confinada a la familia. La sexualidad —enunciados bio-psico-social sobre la reproducción -- substituye a principio aristocrático de la sangre —enunciados sobre el abolengo, el nacimiento, la raza-- como dispositivo político, es decir, como medio para definir al cuerpo, conocerlo y canalizar las energías instintivas y al final de cuentas disciplinarlo.

Mark Poster (1978) en la misma línea postula la originalidad del modelo burgués de estructura familiar, que contrastó con el modelo de familia de la nobleza y de los campesinos utilizando sus datos históricos. El modelo burgués de familia, según Poster y también Foucault, acentúa la situación de Edipo y de Electra las cuales reproducen la otra condición necesaria de la familia burguesa. Reproduce la inseguridad social del niño y niña burgueses, dado que el Edipo y la Electra crean una necesidad emocional profunda de llegar a ser como el padre, de ser exitoso, y eso canaliza la energía emocional de los niños y niñas hacia el logro en el estudio y el trabajo por medio de un super-ego guardián: hacia una gratificación diferida. Semejantes mecanismos psicológicos no los conocen ni el modelo histórico de familia campesina, ni el nobiliario; no obstante cada modelo tiene sus propios efectos inequívocos al nivel psíquico como resultante de sus prácticas de crianza.

Con respecto a la autoridad en general, por otra parte, Foucault señala que por su naturaleza, la tortura mostró que la autoridad estaba basada en la fuerza, y por implicación mostró que el sujeto tenía un "derecho" a tomar la ley en sus propias manos, y a contestar fuerza con fuerza si tenía el poder para hacerlo. Al comentar un caso famoso de parricidio, apuntó que este acto encierra un interés fundamental de la sociedad. La similitud entre un parricidio y un regicidio o de cualquier clase de asesinato político, se reconoce de tiempo atrás en el folklor y en la ley. La naturaleza del crimen tiene, por lo tanto, implicaciones sociales y políticas, dado que levantan la cuestión de la autoridad del padre sobre el niño en la familia, en primer lugar, y esa del Estado sobre los ciudadanos, en segunda.

A pesar de que el pensamiento de Foucault fue y aún lo es muy atractivo, su concepto de autoridad es antediluviano. La autoridad y el poder van juntos semánticamente y en la realidad, sin que se reduzcan a la idea de la fuerza-violencia. Como en el caso del jefe de familia, que goza de la autoridad derivada de la cultura, pero está restringido por la misma en el uso de la fuerza para dominar a la familia.

Jaques Donzelot (1970) igualmente apareció en el mundo del pensamiento francés estructuralista, sociológico e histórico. El relaciona a la familia con los procesos socioeconómicos, ente los cuales destaca la emergencia del "Sector Social", regulador de las relaciones familiares. El concepto clave que Donzelot propone para indagar las mediaciones que existen entre la familia y lo social es el de **policiamiento**, el cual apunta a los métodos para el desarrollo social y de la calidad de vida de una población y la fortaleza de una nación. El policiamiento contiene las llamadas políticas focalizadas de combate a la pobreza que tienen por fin la ruptura del círculo de la pobreza de manera intergeneracional y como propósito de corto plazo mejorar la salud, la educación y la alimentación; si bien estas políticas sociales asumen a los hogares en situación de pobreza como unidad de análisis y asignación de transferencias, y no a la familia.

El pensamiento sociológico nunca ha ignorado el hecho de que es a través de la familia que la sociedad es capaz de obtener de los individuos su contribución necesaria. La familia, a su vez, sólo puede seguir existiendo si es apoyada por la sociedad mayor. Así, lógicamente y desde el léxico de sistemas, si la sociedad como un sistema social mayor proporciona a la familia, como un sistema social más pequeño, las condiciones necesarias para su supervivencia, estos dos tipos de sistemas deben estar interrelacionados y realizar intercambios de muchas maneras.

Para rastrear estas interrelaciones **Donzelot** desmenuza el complejo de instituciones e ideas que a través de los siglos van conformando a la familia y al ámbito de lo doméstico entre los cuales destaca el mundo público de los servicios, la legislación de menores y de familia, el ámbito de la medicina, las imágenes reguladoras sobre la familia y la "normalidad" y "desviación", las ideologías e instituciones educativas y las definiciones sociales del lugar y objetivo de la filantropía y la caridad pública.

Emilio Durkheim en la División del Trabajo Social (1890) afirmó que todo lo que es segmento tiende cada vez más a ser absorbido por la masa social. Por eso la familia está obligada a transformarse. En lugar de permanecer una sociedad autónoma en el seno de la grande, cada vez es más atraída hacia el sistema de los órganos sociales. Se convierte en uno de esos órganos encargados de funciones especiales, y, por consiguiente, todo lo que ocurre en ella es susceptible de tener repercusiones generales. Esto hace que los órganos reguladores de la sociedad se vean necesitados de intervenir para ejercer, sobre la manera cómo funciona, una acción reguladora o, en algunos casos, incluso excitadora.

Por eso es que **Ingrid Rosenblueth** (1982) es enfática al afirmar que las relaciones intra e inter familiares son las variables dependientes de cualquier estudio de familia, entre esas relaciones, las de autoridad. La familia es la variable dependiente de la estructura social, y no a la inversa como la imagen de la familia como "celula" de la sociedad sugiere.

Enfoque Sociológico de la Familia

Si la visión de Talcott Parsons de la familia como una institución entre otras en la sociedad establece un campo de estudio propio y ajeno o diferente a la perspectiva psicológica que mira a la especificidad emocional de la estructura, fue hasta **Willam J. Goode** (1964) que se estableció el enfoque sociológico que conceptualiza a la familia como una institución social, con la peculiar y única cualidad de la interacción familiar como social. Los sistemas familiares, señaló **Goode**, exhiben las características de legitimidad y autoridad, las cuales no son categorías biológicas para nada. Los valores relacionados a la familia, o los derechos y deberes de los status familiares, tales como padre o hija, no son categorías psicológicas, sino peculiares del nivel teórico de la sociología.

La autoridad no debe confundirse con la jerarquía biosocial animal. La primera está basada en valores, mientras la segunda resulta de la fuerza bruta y astuta y sobre todo en la agresividad, la predisposición para atacar.

Dentro del mismo peso, en "términos pugilísticos", de mini mosca a completo, el macho humano puede golpear a la mujer en una pelea limpia.

Los hombres además reinan dominantes en todas las sociedades conocidas; ningún matriarcado – sociedad regida y gobernada por mujeres— se conoce que exista (y no se ha probado la hipótesis del matriarcado original). Este factor no es una simple resultante de la fuerza muscular relativa de los dos sexos, dado que la autoridad de dominación está basada sobre la aceptación de un sistema de valores, el cual no es un rasgo biológico. Es importante, entonces, no extrapolar desde un rasgo biosocial tal como la dominancia dentro de los grupos de mamíferos a la autoridad culturalmente aprobada de ciertos patrones o diseños de familia humana. Quizá sobre este punto Foucault podría afirmar que no sorprende que la mayoría, casi todos los sistemas familiares depositen este privilegio moral, la autoridad, en el padre macho, ya que finalmente es un rasgo biosocial; pero entonces resultará aún más sorprendente que casi todos los patrones de valores en las sociedades humanas no permitan al macho usar toda su fuerza posible para someter a los demás miembros de la familia. El goza la autoridad derivada de la cultura, pero está además restringido en su uso de la coerción para controlar a su familia.

La liga entre lo biológico y lo cultural se encuentra en el proceso de socialización. El mecanismo esencial para la reproducción biosocial de la especie humana necesita de una generación que debe socializar a la siguiente generación, y además debe socializar a esa segunda generación para que esté motivada a socializar a la tercera generación. Integrar esto requiere que las obligaciones de rol lleguen a estar fijadas y especificadas para una persona o personas particulares. La obligación debe estar anclada en una unidad específica, que dure largo tiempo, para cuidar de un animal que es indefenso por muchos años; debe contener una hembra adulta para parir y nutrir al niño; debe estar unida por la dominación (acicates y amenaza de fuerza) y el afecto, para facilitar la socialización. Se pueden imaginar y señalar muchos ejemplos de tipos de unidades que llenen estos requisitos, pero en la práctica esta unidad continúa por mucho y continuará, en un futuro previsible siendo la familia nuclear y sus variantes.

En el Suicidio, **Emilio Durkheim** (1913) preciso que el medio doméstico está formado por elementos diferentes. Por cada esposo, la familia comprende primero, otro esposo; segundo, los hijos: En otros términos, la familia se compone de dos asociaciones diferentes: el grupo conyugal de una parte, y de otra, el grupo familiar propiamente dicho consanguíneo. Durkheim llega a la conclusión que cree bastante alejada de la idea que se tenía generalmente del matrimonio y de su papel durante el fin de siglo XIX y comienzo del XX europeo, cuando pasaba por haber sido instituido en consideración a la esposa y para proteger su debilidad contra los caprichos masculinos. La monogamia, particularmente, era representada como un sacrificio que el hombre ha hecho de sus instintos polígamos para realzar y mejorar la condición de la mujer en el matrimonio. En realidad hay un antagonismo entre los sexos que hace que el matrimonio no pueda favorecerlos igualmente: es que sus intereses son contrarios. El hombre tiene necesidad de contención, y la mujer de libertad.

Sociología Empírica y Trabajo Doméstico

Es en el ámbito de la sociología Norteamericana Y Británica donde encontramos el mayor número de estudios empíricos y conceptualizaciones teóricas de las relaciones conyugales de poder. Asimismo, en ese ámbito hay estudios precisos del impacto que tiene el trabajo remunerado de la esposa en la división y desempeño de las labores domésticas. A juzgar por la concentración de estudios sobre esos temas entre 1975 y 1983, el interés en estos tópicos fue mayor en los años setenta y principios de los ochenta del siglo XX.

Con respecto al tópico del trabajo extra doméstico de la mujer y/o madre, y de su efecto concomitante en las relaciones familiares se preguntaron los siguientes puntos: a) si es que hay o no un incremento en el desempeño del esposo en actividades tales como el cuidado de los niños y tareas domésticas; b) si es que el empleo fuera del hogar tiene un efecto negativo o positivo en el desarrollo físico y psíquico de los infantes; c) si es que se ajustan o cambian los niveles percibidos de autoridad y poder ente marido y mujer, y d) si es que las relaciones entre marido y mujer se tornan más igualitarias. Son numerosos los estudios que han considerado estos asuntos. Investigadores que son ejemplares en este campo son **Blood and Wolfe** (1960); **Venek,** (1973); **Oakley** (1974); **Magnarella** (1972); **Pleck** (1975); **Ericksen** et. Al. (1979) y **Walker** (1970).

Blood and Wolf encontraron un incremento en el desempeño de actividades del esposo en el hogar cuando sus esposas estaban empleadas. Walker en sus datos de presupuesto-tiempo indica que el esposo contribuye el mismo tiempo en el hogar, trabaje o no la esposa. Hay un ligero incremento en la ayuda del esposo cuando hay niños pequeños, pero de otra manera sigue habiendo una independencia entre el tiempo dedicado por el marido al hogar y familia y el que trabaje o no la y esposa y en qué status, cuando son controladas las variables de edad, clase, número de hijos y otras.

Venek encontró que los esposos hacen montos mínimos de trabajo en el hogar aun cuando la esposa está empleada.

Oakley reportó resultados similares. **Pleck** topó con que el trabajo de la mujer es tareas hogareñas decrece con el incremento del tiempo en trabajo remunerado; sin embargo, el tiempo total empleado en trabajo remunerado y trabajo hogareño se incrementa. El presume que el exceso es compensado con el tiempo libre o de esparcimiento de la mujer.

Ericksen encontró que si la esposa está empleada de tiempo completo, es más probable que su esposo comparta el trabajo hogareño; pero no es así si ella sólo trabaja medio tiempo. En su análisis tomó en cuenta el "status relativo" que resulta de la combinación de una serie de variables tales como ingreso del marido y niveles de educación de la esposa. Ellos afirman que el no haberse estudiado variables en combinación, puede explicar en parte por qué algunos estudios encontraron que el trabajo extradoméstico de la esposa tiene un efecto en la división de tareas domésticas, mientras que otros estudios no lo encontraron.

Scanzoni y Fox (1980) en su revisión de la literatura sobre desempeño de tareas domésticas, afirman que la evidencia revela cinco hechos: 1) que las esposas que trabajan continúan teniendo la responsabilidad primaria por la organización y funcionamiento del hogar; 2) que el status laboral de la esposa afecta mínimamente la participación del marido en las tareas domésticas; hay un incremento en la extensión de la jornada de trabajo de las mujeres a expensas del mantenimiento y descanso; es decir encontró en este punto lo mismo que **Pleck.** 3) que hay un descenso en el monto agregado del tiempo familiar dedicado al trabajo doméstico, aunque no está claro si es debido a un decrecimiento de *standard* o a un incremento en la eficiencia, o se debe a ambas variables independientes; y 4) que en cierta medida, hay un incremento de la participación de los hijos mayores en las tareas domésticas.

En México y Latinoamérica están poco desarrollados ese tipo de estudios precisos sobre el presupuesto-tiempo en labores del hogar, recreativas y sociales, de trabajo y el descanso tanto para maridos como para las esposas cuando trabajan fuera del hogar. Algunos intentos relativos a conceptos y captación realizó **Mercedes Pedrero** (1977), pero son insuficientes. O como en el caso de **Ingrid Rosenblueth** (1982), quien mide de manera gruesa el tiempo dedicado a diferentes actividades domésticas y a distintas relaciones sociales, para establecer los patrones de roles conyugales, como adelante se verá. En cuanto al impacto positivo o negativo sobre los infantes e infantas, resta todo por hacer.

Otros autores enfatizan el hecho de que la mujer mexicana, gracias a la servidumbre con que cuenta, salvo la clase baja, se convierte en la administradora del hogar, aunque a veces tampoco administra en forma directa la economía doméstica, sobre todo cuando realiza trabajo fuera del hogar (L. Leñero, 1982). Es decir, que la pertenencia a los sectores medios urbanos facilita el apoyo eventual o fijo en los trabajos domésticos y las responsabilidades del hogar y crianza, por medio del servicio doméstico contratado; las llamadas "sirvientas o chachas". Y también que es posible la eventual colaboración comprensiva de las parejas debido a factores culturales (T, de Barbieri, 1984) Pero en general, la medición exacta de los presupuestos tiempo, del impacto emocional y de la movilidad social derivada, es una actividad que se perfila como probable de ser realizada por la sociología, antropología y demografía en los primeros lustros del siglo XXI.

Sociología Empírica y Relaciones Conyugales de Poder

Nuevamente en el ámbito de la sociología empírica Norteamericana y Británica, ahora con respecto a la autoridad y relaciones de poder. En Inglaterra **Ann Oakley** (1974) concluyó que siendo la mujer lo principal en la socialización de los niños y niñas, tiene una enorme capacidad para afectar patrones de personalidad y de comportamiento; tiene no sólo capacidad de generar salud, sino también enfermedad. La influencia de la mujer en las decisiones de cada día, en el consumo, en la moda y hasta en los asuntos públicos y en las decisiones de por quién votar, aunque el marido sienta que no está siendo influido. Por otra parte, **Ann Oakley** afirma que para la mujer es muy importante el poder ejercer control a través del "chisme" y el escándanlo, toda vez que las oportunidades de actuar en situaciones más organizadas les está restringido. Cabe decir que en los cincuenta años posteriores a cuando analizó este punto, la apertura a los puestos directivos para las mujeres ha aumentado sensiblemente.

Para la teoría de los recursos, el poder del esposo y de la esposa reflejan los recursos relativos que aporta al matrimonio: a más recursos de un cónyuge, más poder sobre el otro. Los recursos se definen de la siguiente manera: "Cualquier cosa que uno de los cónyuges puede poner a disposición del otro, y que lo ayuda a satisfacer sus necesidades o a lograr sus metas" (**R. Blood y D. Wolfe**, 1960). La medición el poder de cada uno de los esposos se realiza a través de un conjunto de áreas de toma de decisiones e influencia, preguntando. ¿Quién hace la decisión final en cada diferente área de decisión? Y ¿Cómo se elabora y quién influye?

La evidencia empírica en esta línea es que la mujer que continua su carrera profesional o trabajo después de haberse casado tiene más poder que la mujer que depende del ingreso económico del esposo, y que la mujer al ingresar al mercado de trabajo modifica su patrón de relaciones conyugales y su relación madre-hijo/a. Una limitación de esta perspectiva fue y sigue siendo no considerar el medio cultural. Nuevos estudios demuestran que los recursos pueden solamente ser evaluados en un contexto cultural particular; que las normas concernientes a la distribución del poder influyen en cómo los recursos son usados. En pocas palabras, los recursos son relativos y no absolutos en las relaciones de poder conyugales.

De esta forma **Mark Rank** (1982), en su estudio sobre los determinantes de la influencia conyugal en la decisión de la esposa de trabajar, encontró que hay una asociación negativa entre unos mayores ingresos del esposo y su influencia en la decisión de si trabajar o no de la mujer. Esto lo explica con la teoría de los recursos en un contexto cultural, pues conforme aumentan los ingresos, se entra en contacto con las normas igualitarias, esto en Estados Unidos. Con respecto al poder conyugal relativo o balance de poder en relación al número de hijos, en Estados Unidos se encontró que a menos hijos, más poder de la esposa, y esto debido a que el cuidado de los hijos le impide el trabajo remunerado que significa una fuente de poder para ella. Asimismo se estableció que el poder del esposo es mayor en familias con niños durante la crianza y que el poder del marido declina con la edad en los años de retiro; aunque le siga siendo favorable el balance. Sin embargo, otra limitación de tales conclusiones es que provienen de estudios de distintas parejas en diferentes momentos del ciclo de vida, y no de estudios prospectivos de las mismas parejas a lo largo de sus ciclos de vida.

Hay una discusión muy importante con respecto a cómo ha sido conceptualizado y operacionalizado el poder para la investigación empírica en general, y en particular el poder y relaciones de poder en la familia. Se reconoce que hay toda una dinámica de toma de decisiones que se dan en una pareja a lo largo de su vida, además de la complicación adicional que representa el hecho de que, en el interior de la pareja, pueden existir intenciones contrapuestas o que se implementen estrategias distintas para alcanzar el mismo objetivo. En este sentido, es muy importante el poder relativo de los miembros de una pareja para la toma de decisiones concretas. Ya hemos señalado que el poder —las relaciones de poder— son un factor presente en virtualmente todas las relaciones humanas, incluyendo, por supuesto, el matrimonio. Se pudo conceptualizar dos tipos de toma de decisiones en la pareja. Uno sincrático, que se refiere a la existencia de un balance de decisiones en cada área (por ejemplo, trabajo doméstico, educación de los niños, cambios de trabajo, etc.) y el tipo autonómico, donde cada cónyuge tiene una amplia área de decisiones independientes relativamente.

La posición más común es concebir el poder en términos probabilísticos. Desde **Max Weber** (1903), para quien el poder es la probabilidad de que personas o grupos impongan su voluntad, a pesar de la resistencia encontrada. Otras definiciones distinguen entre poder bruto y poder neto. El poder bruto es la probabilidad de que un sistema exteriorice su programa interno, imponiendo una cantidad dada de cambios sobre el ambiente. De esta definición deriva la de poder neto, que es la diferencia existente entre la probabilidad de que tales cambios se impongan al mundo exterior, y la probabilidad de que ocurra otra cantidad crítica en la estructura interna del sistema. Es decir, el poder neto es una diferencia entre el monto de los cambios impuestos y los cambios aceptados por el actor.

Con frecuencia se confunde el poder conyugal con la influencia. Esto no es adecuado, pues influencia se define como la capacidad de modificar el comportamiento de otros desde una posición no formal de autoridad. Sobre esta evidente complejidad y carácter multidimensional de los conceptos de poder y autoridad, donde cada concepción parece estar enraizada en la visión del mundo y en particular de la cooperación y el conflicto humanos, es evidente el hecho de que la investigación empírica del poder familiar se inclinó por observar los procesos de decisión; quien tiene la última palabra, en saber quién prevalece en la hechura de decisiones, como la mejor manera de determinar qué cónyuge tiene "más" poder

Poder Conyugal y Teoría del Intercambio Social

A partir de la teoría del intercambio social se han producido algunas de las investigaciones más interesantes y esclarecedoras de la relación conyugal de poder. Aquí se pone énfasis en las fuentes de beneficios más que en los recursos que cada cónyuge lleva al matrimonio. **Elizabeth Bott** (1971) combinó la teoría del intercambio social en la formulación de **Peter Blau** (1964) con el análisis de las redes sociales de cada cónyuge. Esta autora, tras estudiar veinte familias londinenses y comparar diferentes variables como clase social, localidad, etc., sin obtener resultados explicativos de por qué hay parejas conyugales que realizan sus actividades por separado e independientemente el uno del otro, con una marcada división sexual del trabajo (patrón segregado), mientras que otras parejas comparten tanto cuanto les es posible, sin gran división sexual del trabajo y por tanto intercambiando o realizando conjuntamente labores entre ambos (patrón conjunto). Construyó las redes de relaciones de cada cónyuge de sus veinte parejas y encontró que la densidad de las redes variaba significativamente en relación con el grado de segregación de los roles conyugales.

La estructura de las redes se explica en los términos de *Peter Balu*, o sea, en cuanto a costos y beneficios de mantener una relación, y la relación conyugal misma la contempla en la lógica del intercambio social.

La teoría del intercambio social de Peter Blau es una teoría de la sociedad que explica cómo surgen las estructuras de poder en el grupo y cómo se legitiman en tanto autoridad, válida para los pequeños grupos como para las organizaciones mayores. El poder, dice Peter Blau, es la capacidad de personas o grupos para imponer su voluntad a otros, a pesar de la resistencia de estos (**Peter Balu**, 1964). Surge del intercambio cuando alguna de las partes no puede corresponder al servicio recibido y queda en situación de obligación hacia la otra; es una relación unilateral que resulta del proceso de diferenciación estructural de las personas que la componen; no se reduce a la interacción, como en la teoría de **George Homas** (1961). La relación de poder emerge de la relación de intercambio interpersonal; y de ella emergen otras estructuras.

En otras palabras, cuando la gente puede obtener obediencia en una relación de intercambio, tiene poder, dado que tiene la capacidad de negar servicios y recompensas y por lo tanto de castigar o infligir altos costos sobre aquellos quienes no la complazcan. La relación conyugal se mantiene dentro del intercambio justo o se genera el conflicto por deprivación; y lo mismo ocurre con los intercambios dentro de las redes sociales de cada cónyuge.

En México se hicieron dos estudios basados en los mismos principios teóricos del intercambio. Uno es el de **Ingrid Rosenblueth** (1984); el otro de **Marta Roldán** (1982).

Ingrid Rosenblueth hace la réplica del estudio de Bott entre familias de ingresos altos y medios de la ciudad de México. Encontró que las expectativas y alternativas de beneficios encarnadas en sus redes sociales (opciones interdependientes, diría **Adam Przeworski** (1982), determinan en sus datos al patrón de roles conyugales. Además del patrón conjunto (vidas entrelazadas) y el segregado (vidas paralelas), esta autora formula un nuevo patrón de roles que dice haber abstraído de sus datos. Este patrón es el complementario (una vida en apoyo del proyecto del otro: regularmente una empresa o una carrera política).

Cada patrón de roles conyugales implica una manera de dividir el trabajo doméstico, una estructura de la red social típica, presupuestos tiempo típicos y un depositario el poder familiar.

Mencionamos a Adam Przeworski pues, en una lógica similar, él afirma que las relaciones sociales se presentan a los individuos situados dentro de las relaciones de producción como una estructura de opciones interdependientes y como un grupo de mapas o diagramación sobre las consecuencias de las acciones. La posición en la estructura social simplemente representa la oportunidad de escoger cursos de acción particulares.

Marta Roldán investigó patrones de manejo del dinero entre las familias de las trabajadoras a domicilio, buscando claves para explicar por qué la pretendida liberación de la mujer que seguiría a su incorporación al trabajo asalariado no ha tenido lugar. Propone que los miembros de los hogares intercambian productos y servicios domésticos y sexuales. Asegura que las ideologías del matrimonio y del género matizan esos intercambios; así, también las emociones de amor y odio, los sentimientos de cariño y rechazo, junto con las puras necesidades materiales, la violencia y la coerción. Las relaciones de dominación/sumisión entre marido y mujer están basadas en un desigual acceso y control de esos diversos recursos, de acuerdo con su posición de clase y jerarquía de géneros. Conviene señalar aquí que el carácter de las personas se toma como variable independiente de las relaciones de poder principalmente en estudios con marcos teóricos de la psicología social.

Pensamiento Social Latinoamericano

En el pensamiento social Latinoamericano surgió el interés por conocer los determinantes de la participación de las mujeres en la fuerza de trabajo a través de los trabajos de **Brígida García, y Orlandina De Oliveira** (1982), entre otros y otras. Hay variables independientes micro domésticas de la participación de la mujer en el mercado de trabajo, sin embargo, se reconoce que la participación laboral femenina está además determinada muy fuertemente por lo que la sociedad reconoce como trabajos apropiados para las mujeres, por los valores sociales ligados al trabajo femenino y por condiciones ideológicas que se han denominado en términos más globales como patriarcado (**CEPAL**, 1986).

Así han surgido a partir de diversos trabajos y recomendaciones de las Naciones Unidad sobre la insuficiencia de la información y de la necesidad de usar una definición más adecuada que incluya la definición operacional de la jefatura de hogar para censos y encuestas, por ejemplo: quién es el aportante económico mayor y quién toma las principales decisiones. No existe ninguna definición que contemple la jefatura de hogar compartida, es decir, en que imperen relaciones de igualdad entre la pareja: "Lo que de alguna manera indica que el censo y las encuestas de hogares tienden a reflejar la situación mayoritaria de los hogares donde existe una situación de jerarquía entre sus miembros" (CEPAL, 1986).

Entre los intereses marcadamente latinoamericanos se cuentan las llamadas *Estrategias Familiares de Vida* o *Supervivencia* (**Susana Torrado**, 1976; **Larissa Lomnitz**, 1979, entre otros y otras). Las estrategias de supervivencia se definen como: "Los comportamientos o arreglos hechos por los miembros de una unidad doméstica, *household*, para manejar los problemas de vivir en la pobreza" (**S. Jockes**, 1988, p.15). Los pobres usan estas estrategias no sólo durante crisis y depresiones, sino regularmente, sobre una base diaria, como un modo de intentar emparejar los recursos del hogar o unidad doméstica con sus necesidades. El concepto de estrategias familiares de supervivencia puede ser visto como un intento de captar la realidad sociológica de la "racionalidad económica", definida como la manejo de recursos (materiales y sociales) para maximizar el bienestar de individuos o de la unidad doméstica.

Lomnitz y Lizaur (1980) proponen que los arreglos domésticos de la cultura, tras estudiar el tema de ¿cómo sobreviven los marginados? Pueden ser explicados por la definición cultural de lo que es un grupo familiar. La familia en su dimensión como categoría cultural, afirman, permanece válida a través de las barreras de clase y cambia muy lentamente a través del tiempo. Tratan de demostrar que los arreglos residenciales físicos (formación de unidades domésticas y las relaciones entre estos hogares) se encuentran condicionados por factores externos reducibles en última instancia a circunstancias económicas (recursos, empleo y disponibilidad de vivienda). Estas circunstancias económicas entrarían en interacción con el principio cultural, de donde resultan distintas expresiones adaptativas de distintos grupos socioeconómicos.

Entre los familiares en México y en diversos grados en Iberoamérica, las expresiones y expectativas de solidaridad se prolongan durante el tiempo de existencia de la familia, y sólo pueden ser cortadas con la muerte. La unidad significativa de solidaridad incluye a los padres y los hermanos de "ego", aún sobre el matrimonio y la migración. Sin embargo, no se sabe si esto es verdad todavía en la nueva etapa del desarrollo en el siglo XXI.

Dentro de este contexto surgen los trabajos de **Elizabeth Jelin** (1984), quien apoyada en la revisión de la literatura antropología sobre organización de la familia y reproducción hecho por **Silvia Yanagisako** (1979), se propone rescatar y poner al descubierto a esos mecanismos y procesos de organización social básicos. No formula un esquema teórico integrado sino que pone el énfasis en perspectivas y puntos de vista desde los cuales encarar el análisis de la familia y la organización doméstica, por lo que su obra sumaria: "Familia y Unidad Doméstica, Mundo Público y Vida Privada" (1984) toca aspectos de la metodología tanto como de la teoría.

Para Elizabeth Jelin y Carmen Feijoó (1982) la organización doméstica entre las familias encabezadas por mujeres es una resultante de tres factores: 1) estructura de sus recursos (materiales y sociales), 2) composición del grupo doméstico, y 3) trabajo exradoméstico de la mujer. Por organización doméstica se entiende la división del trabajo hogareño, la estructuración del tiempo de la mujer, las actividades de consumo y el grado de control y responsabilidad que el hombre y la mujer tienen.

A su vez, la posibilidad de ejercer algún trabajo, como empleada remunerada, por parte de la mujer ama de casa está determinada por el arreglo doméstico que logre establecer. Puede intentar incluir más miembros colaboradores, sea a través de la generación de ingresos monetarios o en la tarea doméstica y el cuidado de los hijos o atención a los ancianos: "En casos extremos la mujer deja la organización doméstica y el cuidado de los hijos librados a arreglos que se van elaborando día a día y que a menudo resultan en situaciones inestables, de emergencia permanente" (**E. Jelin y C Feijoó**, 1984).

Lejos de ver en el trabajo remunerado de la mujer la fuente de su liberación, no se pregunta, como lo hace Mara Roldán, por qué no ocurre tal liberación, sino que afirma que en esa doble jornada hay un conflicto de rol agudo y que en esa situación precisamente" está anclada ahora la subordinación de la mujer" (E. Jelin y M. Feijó. 1984)

Los tres factores indicados (estructura de sus recursos − materiales y sociales−, composición del grupo doméstico, y trabajo exradoméstico) crean la organización y dinámica doméstica, la cual es un todo que contiene tanto a los patrones de división del trabajo doméstico como a las interacciones y decisiones vinculadas a la asignación de consumo, recompensas y presupuesto. Un mayor acercamiento permite apreciar que la autoridad y el trabajo doméstico se encuentran inextricablemente unidos; de esta unión analíticamente se distinguirán dos líneas básicas de conflicto y alianza en la dinámica del hogar, líneas basadas en las diferencias reales entre géneros (hombres y mujeres) y generaciones (padres e hijos): el conflicto y alianza por la división del trabajo hogareño y fuera del hogar (quién hace qué); y el conflicto y alianza por la dinámica del consumo (qué se compra y para quién).

Es decir, en el curso de vida y en los momentos de transición, se toman decisiones sobre el consumo y la aportación de ingresos a la unidad doméstica; y también sobre la división del trabajo: quién y cuándo sale a trabajar o como se ayuda interiormente. El análisis revela patrones de intercambios internos y del manejo del dinero. Como observó Marta Roldan, los miembros de los hogares intercambian productos y servicios domésticos y sexuales. Las ideologías del matrimonio y del género matizan esos intercambios; así también las emociones de amor y odio, los sentimientos de cariño y rechazo, junto con las puras necesidades materiales, la violencia y la coerción. Las relaciones de dominación/ sumisión entre marido y mujer están basadas en un desigual acceso y control de esos recursos diversos, de acuerdo con su posición de clase y jerarquía de géneros.

El interés por la dinámica de la pobreza se remonta hasta los últimos cuarenta y principios de los cincuenta del siglo XX, con los estudios de observación total y a lo largo del ciclo de vida de los individuos que realiza **Oscar Lewis** entre familias de la Ciudad de México que recientemente habían inmigrado.

Oscar Lewis (cuyo real nombre fue **Yehezkiel Lofkowitz,** 1969), fue un analista norteamericano quien hizo este tipo de estudio de observación participante conviviendo durante largo tiempo entre cinco casos de familias mexicanas. Lewis concedió gran importancia a la autoridad familiar en relación con el complejo del machismo en la cultura mexicana, conceptualizada como una cultura en transición. El énfasis cultural del mexicano respecto del macho y el culto al machismo o masculinidad, se reflejó en sus casos de estudio, donde el marido es claramente la figura dominante. El macho mexicano usa de la violencia con su esposa y con sus hijos. Se refleja en la entrega del dinero para el gasto diario de su mujer y en la forma en que la castiga retirándole el dinero.

El ideal del pueblo —dice Lewis en los años sesenta— es el macho dominante y autoritario, y el ideal de una mujer-esposa-madre: la mujer sumisa y abnegada. Los niños también satisfacen los requerimientos del pueblo en cuanto al trabajo duro, el respeto y la obediencia, aunque conforme se hacen mayores empiezan a cambiar, en repuesta a influencias externas. No obstante el papel autoritario del marido, Lewis reporta una aguda discrepancia entre el bajo status general de la mujer en México y su influencia considerable en la familia, tanto en los hijos como en el marido.

En años ya recientes, entre las familias de bajos ingresos se ha observado patrones de intercambios internos y del manejo del dinero. Los miembros de los hogares intercambian productos y servicios domésticos y sexuales. Las ideologías del matrimonio y del género matizan esos intercambios; así también las emociones de amor y odio, los sentimientos de cariño y rechazo, junto con las puras necesidades materiales, la violencia y la coerción. Las relaciones de dominación/sumisión entre marido y mujer están basadas en un desigual acceso y control de esos recursos diversos, de acuerdo con su posición de clase y jerarquía de géneros.

Un gran valor tienen para nosotros estos reportes que ya son del pasado, toda vez que un problema central es tener clara la medida del cambio social al saber: qué era en el pasado y qué es en el presente.

¿Qué es el presente? Antes de responder veamos que fue el pasado. En términos aproximados, el sistema familiar mexicano hasta 1940 era tradicionalmente patriarcal, subordinación de mujeres y niños, divorcio prohibido. La composición de las unidades domésticas era extendida. El machismo como énfasis cultural en la masculinidad (obsesión por igual de hombres y mujeres). La mujer organizando su vida alrededor del hogar y la familia. Y el compadrazgo o parentesco ficticio como medio de consagración del lazo de confianza y solidaridad. ¿Qué tanto ha cambiado? ¿En este cambio qué peso específico tiene el trabajo remunerado de la mujer, específicamente en cada estrato socioeconómico o clase?

Según **Francisco Alba y Joseph Potter** (1985) entre 1940 y 1970 se manifiesta una actitud negativa masculina hacia el trabajo de la mujer fuera del hogar, y que el significado que los hombres atribuían a su papel todavía estaba bien establecidos. La percepción de estos autores es pues que el cambio de los elementos del sistema familiar mexicano comienza a moverse fuertemente en los años setenta del siglo XX.

La familia es ahora igualitaria con derechos para la mujer y los hijos, el divorcio está permitido, la composición de las unidades domésticas es mayoritariamente nuclear, el machismo ha cedido lugar a la igualdad de géneros y a la liberación de la sexualidad. En definitiva la mujer organiza su vida alrededor de su trabajo remunerado y del hogar y finalmente, las redes sociales de los cónyuges se estructuran en términos de la teoría del intercambio social, en pocas palabras a los costos y beneficios de mantener una relación social, y a la relación conyugal misma en términos de esta lógica, por tanto, de la mejor opción.

A manera de conclusión

La autoridad dentro de la dinámica intradoméstica sí puede ser objeto de estudio descriptivo, pero sólo por medio de una etnografía y observación participante a profundidad que contraste las prácticas del control y sanción (lo que se hace), con las ideologías sobre el tema (lo que se piensa) y las expresiones de la normatividad y expectativas sociales manifiestas en el lenguaje. Sucintamente, el estudio de la autoridad familiar en dos planos: por una parte, comprensión de las representaciones, significados y marco interpretativo y normativo de los comportamientos reales — expresadas en el lenguaje—; y por otra, el registro de los eventos, comportamientos y sucesos concretos, observados en sí mismos: plano en que viven su realidad cotidiana los miembros de los hogares, como cuando se decide quién hace qué tarea y qué artículos se compran y para quién. Finalmente, cuando se enfoca el habla y el comportamiento ante eventos excepcionales, venturosos o desafortunados para las familias.

El estudio analítico también puede ser realizado, para lo cual es conveniente establecer variables independientes y dependientes, estableciendo el tiempo implicado en el diseño de investigación (ver supra, Tiempos implicados y ejemplos, p.48).

IV.1 PRINCIPIOS DE PARENTESCO Y TIPOS DE FAMILIA

Los intentos por construir tipologías y modelos típicos ideales de familia continua siendo una empresa que, aunque no han conducido a resultados satisfactorios, se necesita continuar intentando. Por ejemplo, la tipología sobre familia que concentra la atención en tres modelos: el igualitario, el conyugal nuclear y el patriarcal[22], dificulta sin embargo, establecer las variables de donde resultan estos tipos. Es un hecho que los campos psicológicos, biológicos y sociológicos pueden ser separados: los sistemas familiares exhiben las características de legitimidad y autoridad, las cuales no son categorías ni biológicas ni psicológicas. Tampoco lo son los valores

---

[22]   Según el criterio de autoridad- poder y composición-integrantes.

relacionados a la familia, o los derechos y deberes de los status tales como esposa, esposo, o padre e hija, abuela, abuelo. Son categorías peculiares del nivel teórico de la sociología; son hechos sociales.

La construcción de modelos puros sobre la familia y el matrimonio contiene dificultades, debido a que la relación con lo cotidiano y experimentado por uno mismo es inmediata. Hay problemas en el análisis por lo fácil que la experiencia propia o cercana de matrimonio y familia se tiende a generalizar. Adicionalmente, las implicaciones éticas —sexualidad, crianza, solidaridad, lealtad, racionalidad económica— entran en tensión con el sujeto teorizante. Por último, es natural sucumbir a la tentación de querer ejercer influencia normativa sobre el ámbito de lo familiar.

El grupo estructurado y normado por el código del matrimonio y la familia es el núcleo mínimo de solidaridad humana generador de apoyo y atención cariñosa. Los códigos de familia y parentesco proveen para el permiso de acceso sexual entre adultos; para la reproducción legítima. Proveen para el modo de crianza y cuidado mutuo y para la cooperación en el trabajo. La familia es la unidad en que se fijan las obligaciones y que dura lo suficiente para dar atención al ser humano, el cual es muy dependiente al inicio y al final de su existir.

Teorizar sobre los tipos puros de familia presupone que en la realidad los sistemas de familia se relacionan con el modelo económico del período, pero también con la forma del Estado y con la dinámica de la población; en suma se relacionan con el modo de producción y las configuraciones sociales y estatales históricamente dadas. La teoría de la familia tiene en la regla o principio de parentesco la pieza clave de comprensión

El Principio de Parentesco es y se deriva bien de un hecho biológico—la liga genética, o consanguinidad— o bien de alianza voluntaria matrimonial. Conlleva la norma de exclusión de coito entre parientes, la prohibición del incesto como norma fundante de lo social. Comporta, en segundo lugar, las obligaciones y expectativas inherentes a las posiciones de estatus entre las relaciones de parentesco, a saber: padre, madre, hijo, hija, nieto, nieta, hermano, hermana, abuelo, abuela, tío, tía, sobrino, sobrina, primo, prima, etcétera. Posiciones que suponen un status de donde derivan obligaciones y derechos, fundados en el principio de reciprocidad.

Frente a condiciones materiales de existencia, en interacción con el modo de producción, el principio de parentesco se adecua en reglas y disposiciones específicas que evolucionan como normas en respuesta a las necesidades funcionales del período. Evolucionan racimos de reglas específicas, por ejemplo, frente al contexto agrario de producción, las necesidades funcionales evolucionan en el sistema patriarcal. Así, frente al contexto industrial—urbano, evoluciona el patrón nuclear-conyugal; ante el contexto de la sociedad de servicios o modo post industrial, emerge el patrón igualitario entre los géneros.

Los sistemas normativos varían según en cómo se definen las obligaciones y derechos de cada posición "A" en relación a otra posición "B" (roles entre familiares) que varían con respecto a la división del trabajo, el poder social y el modo en que la equidad o principio de reciprocidad se aplica en función de las necesidades funcionales del parentesco en determinado modo de producción.

Hay convicción firme en la aplicación del principio de parentesco, normas derivadas de la liga genética y matrimonial: prohibición del incesto, reciprocidad en las obligaciones y expectativas de cada posición; por el contrario, hay discusión y lucha por adecuar—con a veces largos períodos sin normas—con respecto a las disposiciones específicas a las necesidades del parentesco al modo de producción cuando este cambia.

En particular, la norma de autoridad patriarcal es cuestionada en el modelo igualitario; o la responsabilidad irrenunciable por la crianza de los hijos se flexibiliza en el modelo conyugal-nuclear.

Las obligaciones de posición de rol suponen la respuesta a ¿Qué tanto y entre quienes son las obligaciones de posición? ¿Qué debe dar "B" con respecto a "A" y "A" con "B", en los sistemas de parentesco? Es el núcleo de las preguntas y respuestas que los grupos humanos desarrollan. Las ideologías, religiones y corriente de pensamiento llenan o tratan de dar respuesta a los dilemas e interrogantes citadas, cuando los individuos no son capaces de hacerlo en lo particular. Las personas y grupos familiares, entonces, toman las respuestas de la cultura y aceptan los códigos institucionalizados por las ideologías dominantes.

La transformación espiritual y de concepción de la procreación relacionado al modo de producción industrial y post industrial, es el factor decisivo en la reducción del tamaño de los núcleos de parentesco y en la reformulación de las obligaciones de derechos de rol; aunado al hecho de que los sistemas sociales de seguridad social y el mercado intervienen en la configuración de los sistemas familiares en la realidad concreta.

En síntesis, para superar la anomia y crisis moral del período presente, la redefinición de las expectativas de rol entre marido y mujer es central en las nuevas necesidades funcionales del parentesco en la sociedad postindustrial;

así también las obligaciones de reciprocidad entre los hijos y los padres, ante las necesidades funcionales que emergen de la mayor esperanza de vida de las personas. En una palabra: se propone redefinir la autoridad intrafamiliar- doméstica.

V

SONDEO SOBRE LA VIDA COTIDIANA DE LOS SECTORES DE CLASE MEDIA MEXICANA

Se indagó[23] sobre el nivel de satisfacción de las personas entrevistadas con respecto a las condiciones de sus viviendas y, en general, se exploró el nivel de consumo de las familias de los sectores medios mexicanos.

Más del 50% de los casos cuenta con servicio doméstico de planta, más un 13% de casos en que tienen ayuda de entrada por salida; sin embargo, una tercera parte de los casos no cuenta con este servicio. Cuando la mujer trabaja y no cuenta con servicio doméstico, su gasto de energía y de tiempo obviamente es mayor. A mayores compromisos económicos (escuelas particulares, consumo suntuario etc.) en el medio urbano, mayor esclavitud de la mujer con sus rutina diaria y mayor envejecimiento y desgaste del cuerpo.

La clase media urbana mexicana reportó un equipamiento electrodoméstico muy sofisticado: horno de microondas,

---

[23] Enero a septiembre de 1989, en Ciudad Satélite, dentro del área metropolitana de la Ciudad de México.

videocaseteras, aspiradora, refrigerador, desde luego; y cuanto aparezca en el mercado.

Siempre hay una tiendita o un OXXO cerca -cinco minutos a pie- de los hogares de clase media; sin embargo, las compras para el consumo cotidiano las realizan mayoritariamente en los grandes almacenes más distantes, lo que obliga al uso del automóvil.

La mitad de los casos de la muestra tiene autos nuevos. El 60% tiene más de uno; pero en todos los casos las clases medias urbanas en México cuentan con automóvil, que representa un elemento central en su rutina cotidiana. Casi el 90% de los casos con hijos pequeños -de 4 a 10 años- cuenta con escuelas del nivel en que se encuentran sus hijos; pero sólo una tercera parte acuden a ellas. Por diversos motivos se recurre a escuelas más lejanas, que implican mayor utilización cotidiana del automóvil.

Las clases medias urbanas de México se ligan a organizaciones culturales o deportivas con mucho mayor frecuencia que a las de tipo político e incluso religioso. Conforme se desciende en los estratos de ingresos, esta participación deportiva es menos intensa debido a lo cargado de la rutina diaria centrada en el trabajo y en la procuración de los hijos.

Las clases medias mexicanas mantienen relaciones informales con una serie de trabajadores del sector servicios: sirvientas, jardineros, mozos, albañiles, plomeros, mecánicos, etc.

Conforme se asciende en la escala de ingresos y de prestigio, entre la clase media, se manifiesta una mayor satisfacción con las condiciones de la vivienda y se aprecia espacios más amplios. Las clases medias luchan por mantener el nivel de vida en épocas de recesión y crisis haciendo un uso más intensivo de su recurso de trabajo y capacitación, así como de sus vínculos y relaciones sociales, y por aumentarlo cuando el panorama es menos negro.

Rutina Diaria: El término se refiere al modo de usar del tiempo y energía, desplazamientos y localizaciones y encuentros rutinarios de los miembros de los sistemas familiares de las clases medias urbanas mexicanas.

La rutina diaria depende del ritmo semanal urbano de las diversas actividades. Está condicionada por los fenómenos del congestionamiento, las infraestructura de servicios de transporte y reglamentos especiales, como es el caso del "Un día sin Auto".

Hay diferencias en cuanto a días feriados en los calendarios de diversas organizaciones e instituciones: desde el más relajado de 15 días feriados, hasta el más ajustado de tres o cuatro en todo el año. Pero aún en el caso más ajustado, el calendario es un proceso de parar —que aporta la reposición de la fuerza para el trabajo— y arrancar. Diario, semanal, y anualmente.

La mayoría de los hombres y mujeres que trabajan de las clases medias se levantan entre seis y seis y media por la mañana y se duermen después de las diez de la noche habiendo visto algo de televisión. Conforme se desciende en la escala de ingresos, entre las clases medias urbanas, se levantan un poco más temprano y a las diez ya están dormidos.

El movimiento urbano comienza a las cinco de la mañana. La clase trabajadora se incorpora y a esta hora ya está en dirección de sus lugares de trabajo. Las clases medias se incorporan sucesivamente alrededor de las seis de la mañana, y para las ocho o nueve ya están en sus lugares de trabajo. Los patrones y altos directivos tienden, en su mayoría, a levantarse más tarde y a iniciar sus actividades alrededor de las diez de la mañana.

De seis a ocho de la mañana es una hora clave para comprender la dinámica familiar y su interacción con los sistemas productivos pues en ese lapso entran en tensión las fuerzas al nivel micro, coordinadas con las fuerzas macro, que empujan a cada miembro día tras día a cumplir con sus obligaciones. En esta hora del día, el 50% de las mujeres entrevistadas arreglan a sus hijos y hacen desayuno; mientras que ningún esposo reportó tantas actividades en esas horas, en las cuales, el 86% reportó arreglo personal.

Sin embargo, conforme se desciende en la escala de ingresos, entre la clase media, en los hogares en que ambos trabajan fuera, se encontró una mayor participación conjunta a esas horas del día. En estos estratos, cuando la mujer no trabaja y los hijos van a la escuela es, por lo contrario, en el hombre en quien recae el mayor esfuerzo.

Otra hora clave es de cuatro a seis de la tarde. De la observación de las actividades durante este lapso se revela cuál es la actividad absorbente -que consume mayor suma de energía y tiempo- y la intensidad de la carga de actividades de la rutina cotidiana. El 90% de los maridos de clase media trabaja a esa hora. El 40% de las mujeres de clase media ayudan en sus tareas a sus hijos; y un 23% en actividades sociales y recreativas o deportivas casi siempre en compañía de los pequeños.

La mujer de clase media es aún, como en la generación anterior, la socializadora básica; quien supervisa esencialmente a las criaturas. En lo formativo educativo, es matriarcal la institución; sin embargo la caracterización matriarcal/patriarcal precisa cierto análisis de la estructura de autoridad en el hogar.

En contraste, entre las mujeres de familias de clase media de menores ingresos, es hora de recoger a sus hijos de la guardería o de donde los hayan dejado. Conforme se desciende en la escala de ingresos, la clase media hace un uso más eficiente de tiempo y energía.

Durante otra de las horas clave para la comprensión de la rutina cotidiana, de ocho a diez de la noche, como ya se mencionó, el grueso de esposos y esposas se entregan a la televisión, y los hijos e hijas con ellos. Pero en los estratos de menor ingreso, a esas horas las mujeres están preparando la pañalera y demás equipo que sus hijos tendrán que llevar el día siguiente a la guardería o lugar en donde se les cuide si aún son pequeñines. En estos preparativos los maridos por lo general colaboran, y ambos caen rendidos a la cama antes de las diez de la noche.

Los grupos de convivencia íntima de clase media despliegan un esfuerzo concentrado y sostenido para alcanzar metas casi siempre difusas. Movilizan energías, organizan y coordinan sus actos en un contexto de autocontrol y control social recíproco que posibilita la repetición cotidiana de los actos esenciales de la dinámica familiar. Algunos de los grupos domésticos de clase media tienen clara meta de ascender; otros, de mantenerse simplemente. Entre los grupos familiares de menor ingreso dentro de la clase media es frecuente que se tenga como meta "liberarse" de la esclavitud económica que los obliga a un esfuerzo sostenido, sin interrupción. Dentro de los matrimonios en que ambos trabajan es más difícil que se tenga una meta común; y la separación o el divorcio se contemplan como unas alternativas siempre presentes para realizar un cambio en la estrategia de vida.

El régimen de propiedad conyugal mayoritario en todos los estratos de la clase media es el de Bienes Separados. Ello implica una desventaja para la mujer que permanece en el hogar y pasando los años no es propietaria de nada; sin embargo, las mujeres que efectivamente trabajan y desarrollan una actividad remunerada encuentran en el hecho de ser propietarias una compensación psicológica de la que carecen dentro del régimen de Bienes Mancomunados.

División del Trabajo y Roles Sexuales. La responsabilidad por el sostenimiento económico de las familias de clase media es mayoritariamente de los esposos dentro de la muestra que se levantó (83%); aunque ya en casi una quinta parte de los casos se reportó que era una responsabilidad de ambos cónyuges. Conforme se desciende en la escala de ingresos, la responsabilidad económica se considera de ambos en casi la totalidad de los casos.

El quehacer doméstico continúa siendo responsabilidad de la esposa en más del 90% de los casos de la muestra que comprende todos los estratos de la clase media. Lo mismo ocurre con la supervisión cotidiana de los hijos; mientras que en los estratos más bajos de la clase media esa responsabilidad se delega en guarderías. En cambio, la responsabilidad de la educación y por encausar a los hijos e hijas- elemento central de la autoridad familiar- en más de tres cuartas partes de los casos de la muestra total se declaró ser de ambos padres; pero sin embargo, la naturaleza matriarcal o patriarcal de los sistemas familiares y hogares de la clase media en todos sus estratos, según los indicadores, será determinada empíricamente con la encuesta de autoridad familiar en un futuro cercano.

Podemos suponer, en base a los resultados de las entrevistas a una muestra, que los maridos quienes su esposa tienen ingresos, viven el conflicto entre el machismo tradicional y el igualitarismo entre los sexos. Así también la liberalización reciente de la sexualidad crea nuevas tensiones entre los sexos y entre las generaciones. Las ideologías y definiciones igualitarias influyen para que los maridos sientan que deben participar más en las labores domésticas y cuidado de los hijos; pero a la vez el marido se deja de ver a sí mismo como el "macho protector". Las mujeres al trabajar fuera del hogar tienden menos a sentir la obligación de ser "tiernas y agradables", es decir, tener actos de deferencia hacia el marido; lo que pone en entredicho el supuesto beneficio económico, o aún la necesidad de los ingresos derivados de la participación laboral de la esposo. Pero la escena se echa a perder para los miembros de la clase media con bajos y limitados ingresos, por los reclamos y exigencias y hasta actitudes pueriles de las esposas que se quedan en casa, en contraste con la mentalidad madura y corresponsable de las empleadas de la clase media ende los estratos de menores ingresos -trabajadoras de cuello blanco.

En realidad, la función de proporcionar bienestar emocional se ve y se practica como responsabilidad de ambos, como un corolario de la tendencia igualitaria que permea poco a poco a la clase media en sus dimensiones tanto de ideología como de verdaderas reformulaciones de rol social. Un marido de clase media con una esposa que trabaja en un rango laboral similar al de él nos da un indicio de la función de una ideología de autoridad patriarcal cuando nos dijo que el rol del padre es:

> "Contribuir con todo lo que puede, con todo lo que es capaz de dar, sin escatimar esfuerzos ni beneficios materiales; pero básicamente es estar pendiente de la cuestión afectiva, de la cuestión moral para con los hijos y para con la cónyuge".

La tendencia a la liberalización sexual se manifestó en la respuesta que dieron a la pregunta de si están de acuerdo en que las muchachas tengan relaciones sexuales antes del matrimonio. El 73% de las mujeres está de acuerdo; el 40% de los hombres también lo aceptan; y el 26% no lo ve tan mal. En todo caso, el valor de la virginidad ha perdido vigencia para toda la clase media. Sin embargo, cuando se les preguntó qué desean inculcarles a los hijos e hijas se manifestó, para todos los estratos estudiados, mayor énfasis en la conducta moral de las mujercitas; y en general, aún hay una socialización diferencial según género.

División Sexual de Labores. Aún se definen para las mujeres tareas como limpiar, ayudar, atraer a los hombres, encantarlos; y para los hombres: organizar, dirigir, decidir, conseguir, negociar. Pero el énfasis es menor entre los matrimonios de doble ingreso de ingresos bajos. En estos, se reconoce que la mujer es apta para todo igual que el hombre; pero en la práctica los maridos se siguen ocupando de la mayor parte de los asuntos extradomésticos. La menstruación ya no se define como un obstáculo para el desempeño laboral de las mujeres. Se piensa que hay nuevos productos que contrarrestan sus molestias. Sin embargo, persisten algunas prohibiciones morales, otras meras inercias costumbristas y otras más "técnicas" para las mujeres que se quieren desempeñar en altos puestos. Existe la creencia de que las mujeres atractivas se consiguen marido; mientras que la fea tiene que trabajar siempre y otras "sólo, mientras me caso". Lo cierto es que para las mujeres que ingresan decididamente al mercado de trabajo, la perspectiva en la práctica es de combinar el matrimonio con su empleo.

Se sigue pensando que las mujeres de clase media son débiles, que no saben mandar y que han internalizado la dependencia hacia el hombre. Es probable que las mujeres busquen trabajos menos honoríficos, y eviten asumir puestos de mando, de acuerdo al prototipo de rol.

División de labores Domésticas. Con respecto a la división del trabajo dentro del hogar, se aprecia en las respuestas de ambos cónyuges de la muestra de clase media que la mujer es quien en la mayoría de los casos va de compras. Entre los de menores ingresos de esta clase, hay mayor participación masculina y un número/semana mayor de comidas fuera del hogar. Cocinar es una actividad de las esposas con ayuda de la sirvienta en la clase media mexicana que no en el cono sur. Los esposos, el 86% consideran que la mujer es quien cocina sola; pero ellas perciben que comparten esta actividad con sirvientas, mientras otras actividades nunca las desempeñan como veremos. En todo caso, las comidas de los matrimonios de bajos ingresos de la clase media en que ambos trabajan son poco ceremoniosas y formales. Las mujeres en todos los estratos de la clase media sirven al hombre, y salvo casos de exceso de trabajo, se sienta a comer junto a él.

El lavar y secar platos es tarea de las sirvientas, y en su ausencia, la desempeña la esposa. De igual manera el lavado y planchado de ropa. Sorprendentemente, cambiar pañales es una tarea en la que participan los maridos y no las sirvientas. Ambos declararon que en más del 80% según ellas, y 56% según ambos, es tarea compartida, y nadie nombró a las sirvientas. Pero si el bebé llora, la mujer se levanta como resorte acompañada por la mirada vigía del marido... En cambio, el aseo de los baños lo realizan siempre las sirvientas y en su ausencia la esposa; nunca el marido.

La investigación sobre trabajo doméstico reveló la persistencia de esa creencia y práctica de que el trabajo hogareño es cosa de mujeres. Y esto se confirma, pues mientras en el 40% de los casos con hijos e hijas, sólo las niñas participan haciendo su recámara y levantando su "tiradero"; es decir, entre la clase media hay una pauta variable: en algunos casos se imponen iguales tareas a hijas, mientras que en otros, sólo las niñas tienen que ayudar y los niños nada. Esto, desde luego es motivo de protestas y se puede afirmar que se está reelaborando esta pauta.

Una señora de clase media que esta empleada contesto:

> "Si hay conflicto por la división de labores, constantemente. Cuando no hay muchacha se vuelve conflicto con los hijos, con el marido porque yo trabajo, se me ha vuelto conflicto porque yo digo que no es justo que yo trabaje y tenga que hacer todo; ese es mi problema... le estoy ayudando a mantener al hogar"

En otro caso:

> "Sí, yo protesto, es mucha carga para mí sola. Yo protesto porque yo tengo que seleccionar la ropa, y ¡este patán!... no es ni para quitarse la camisa y ponerla derecha; como se la quita, luego con una mano metida en la otra, y la avienta; luego se quita la playera y camiseta juntas y la avienta. Y yo tengo que separarlas. Me choca, me choca. Es ingeniero, ya te dije; luego llega con las plastas de cemento en los zapatos y así me pisa la alfombra".

En un caso de participación conjunta en las labores domésticas una señora nos dijo que:

> "No fue fácil. Muchas pláticas, muchas discusiones de que... bueno la casa es de los dos y el trabajo tiene que ser de los dos; no puede ser de una sola

> persona. En un principio si fue difícil porque me
> cargaba a mi mucho el trabajo doméstico. Y pues
> hablando ¿no?

Es pues, mayoritariamente el trabajo doméstico un gasto de energía más para las mujeres que trabajan. Podemos concluir que en las condiciones actuales de vida urbana, el no contar con la posibilidad de pagar ayuda doméstica, como es el caso de la clase media de bajos ingresos, conduce a niveles de desgaste físico muy altos entre las esposas que trabajan, derivado de la doble jornada en el hogar y en la esfera ocupacional.

Finanzas Domésticas. Se trató de esclarecer en qué medida es el dinero un medio efectivo de control en las relaciones cotidianas de poder conyugal.

La forma más frecuente de finanzas domésticas, tratándose de matrimonios en que ambos trabajan, es el doble fondo, 34% las entrevistadas, 27% los maridos. Sin embargo no hay una concentración de respuestas en alguna de las modalidades: monopolización del dinero, retención para gastos personales, fondo común, doble fondo, entrega periódica del gasto.

Si acaso, sólo la monopolización del dinero es rara en ambos en todos los estratos de la clase media tanto en donde ambos trabajan como en donde sólo el marido.

Con respecto a la retención de dinero para gastos personales o de "bolsillo", las respuestas variaron entre 30% a un 40% de la muestra de maridos. Cuando la mujer trabaja está más consciente de cuáles son esos gastos. Arriba de esta suma, significa una irregularidad que puede generar dificultades en la dinámica familiar en el eje de conflicto del ¿qué se compra para quién?

Las mujeres, en cambio, mayoritariamente no retienen nada 60% de ellas y 66% de ellos respondieron así lo afirmaron. En el extremo opuesto, un 3.3% de las mujeres que trabajan retienen sus ingresos íntegros para sí. Por otra parte, en casi tres cuartas partes de los casos el ingreso menor lo integran al doble fondo y, entre el 10 y el 13% de los casos la mujer lo ahorra para sí.

Con respecto a la información que cada uno recibe sobre los ingresos del cónyuge, alrededor de la mitad de los hombres y también de las mujeres dijeron que tienen una idea aproximada, más no exacta. Una quinta parte también de ambos dijo que los ignoraba.

La administración de las finanzas domésticas, parte de la administración del hogar, la llevan en casi tres cuartas partes de los casos las mujeres, lo cual podría indicar una mayor habilidad de ellas para la administración o quizá sólo la costumbre; entonces cabe preguntarse por qué. Los gastos importantes no parecen provocar desacuerdo; aunque en ningún caso se afirmó que nunca hay desacuerdo. El 76% de las mujeres y el 73% de los hombres reportaron que están de acuerdo en esos gastos. Los gastos imprescindibles entre la clase media incluyen algunos lujos, gasolina, sirvienta, educación privada y vacaciones. Por otra parte, la utilización de vales de consumo, despensas y la tarjeta de crédito son frecuentes.

Una mujer de clase media nos mencionó sus gastos imprescindibles como los siguientes:

> "Luz, agua, teléfono, predial una vez al año y... diversiones. Mis hijos son muy exigentones. Ya saben que los domingos son de ellos, y entonces em-piezan a planear -que quiero ir aquí y allá. Otro

imprescindible son las va- caciones, sobre todo a esta edad entre 7 y 10 años. Mis hijos son playeros.

Adoran la playa. Ya ahorita están con la presión de que ya nos vamos a ir a la playa. Pero a nosotros no nos gusta salir en Semana Santa, entonces no los vamos a lleva; ya les suplicamos que después de Semana Santa, pero tiene como dos meses presionando con la playa; entonces tiene uno que cumplir. Ese va a ser imprescindible e ineludible".

Cuando la manera de manejar el dinero es la entrega del gasto la periodicidad de cada quince días concentró las respuestas. De todos los períodos posibles es el más frecuente en los matrimonios igualitarios de dos ingresos y, desde luego, la entrega de gasto en los matrimonios tradicionales donde la mujer se dedica sólo al hogar y a los hijos.

Los sectores laborales influyen en la dinámica familiar del gasto cuando son dos las fuentes de ingresos. Ante la expectativa de los ingresos de la esposa, o la posibilidad de adquirir préstamos originados en su fuente laboral, el hombre deja de tensionar todo su esfuerzo y todas sus posibilidades de adquirir ingresos extras. En este sentido, el trabajo de la esposa en las clases medias desmotiva a la fuerza masculina de trabajo.

Autoridad. Conocer la forma de la autoridad y explorar la dinámica de las relaciones cotidianas conyugales de poder. El papel de la autoridad masculina o femenina y el grado de iniciativa y determinación en las decisiones cotidianas, por una parte, y de las decisiones y acción de trascendencia para el grupo.

Los cónyuges conversan entre sí acerca de los eventos y situaciones laborales. No hay indicios de muestras especiales de deferencia de la mujer hacia el hombre; en cambio si se esperan muestras mutuas de cariño y detalle. Así también los padres buscan relacionarse de igual a igual con sus hijos, como amigos.

Con respecto a la decisión de que la esposa trabajase o no lo hiciese, en la mitad de los casos fue decisión de ella; sólo en un 6.6% la mujer pidió permiso al marido. En clase media de bajos ingresos las mujeres que trabajan lo hacían desde antes del matrimonio. La decisión de cuantos hijos tener en casi tres cuartas partes de los casos fue de ambos; así también, sólo una quinta parte de los casos lo toma como un resultado natural.

Ambos cónyuges dan permisos a sus hijos; ambos, en la mayoría de los caos, aplican y deciden el castigo o reprenda; y solamente se avisan o consultan o comentan para salidas y actividades fuera del hogar. Sólo un 3% pide formalmente, por así decirlo, permiso a su cónyuge para diferentes actividades.

Hay variaciones en cuanto al impacto y respeto y hasta miedo que los hijos pueden sentir. En un caso de matrimonio con rasgos igualitarios, muy influido al parecer por ideologías pedagógicas modernas, la mujer comentó por qué y cuándo eran reprendidos sus hijos:

> "Algún reporte de la escuela, que no lo considero tan grave (ella) se lo oculto; porque, también le digo, se contradice un poco; primero les fomenta la autonomía, la independencia y, de repente, si, ante un reporte se violenta mucho, aunque, le digo, no los golpea, sí les levanta la voz, y los impacta ¿no?"

En un matrimonio de doble carrera de clase media bien remunerada, la esposa comentó que:

> "A veces sí los amenazo. Yo quisiera ser toda dulzura pero llega un momento en que te saturas y ves que no funcionaste y dices O.K. ya vete, salte; pero si en la noche tengo que inyectarte te vas a dejar; y duele el piquete. Pero tu estuviste muy a gusto en el columpio...-Bay guero... Se queda pensando y como que él mismo hace su elaboración del programa y piensa: No me conviene. Y dice: Bueno, me meto; pero me das un dulce. -Bueno. Estamos al estira y afloja. Son re listos los niños. Todos, todos, así son".

Con respecto a la toma de decisión concerniente a la escuela a la que asistirán y asisten los hijos e hijas, cuando son pequeños,--etapa inicial del ciclo--, en la mayoría de los casos es de la madre, quien toma en cuenta factores como distancia, colegiatura y prestigio del plante. Los estudios subsiguientes ya implican una determinación de la estrategia de vida familiar de reproducción a tercera generación o su carencia de perspectiva de futuro, por lo que la elección de plantel educativo y de área de conocimientos profesionales es ya asunto de consenso familiar no sólo de la madre.

En la muestra abundan los casos en que la mujer antes de casarse trabajaba, de tal forma que la decisión fue de continuar o no trabajando. En la clase media alta hay menos constancia en la ocupación que en la clase media de menores ingresos. Una señora de clase media alta y con continuidad laboral comento lo siguiente:

> "Él me dijo que no necesitaba yo trabajar; que no tenía necesidad de hacerlo. Entonces yo le dije que no tenía necesidad pero que a mí me había costado

mucho tiempo y mucho estudio estar aquí; que no lo iba a aventar todo. Además no me había recibido; estaba haciendo mi tesis cuando me case. Después, cuando nació mi hija el drama estuvo peor. Que entonces qué iba yo a hacer con la niña. Y allí salió mi mamá como ángel salvador y dijo: Yo la cuido la cuido. Mañana, tarde y noche; no importa. Pues mi mamá está plenamente convencida de que debo seguir trabajando, porque.. es importante".

Otra mujer de un estrato más bajo de ingreso dijo que:

"Es que no puedo concebirlo de otra manera. Dejé de recibir dinero de mi padre y dejé de recibir dinero de cualquier hombre. O sea, hay cierta independencia y esta es la única manera de mantenerla. Me gusta tener mis propios ingresos. Además ahora una pareja no puede vivir de un sólo ingreso".

La configuración de la autoridad en las familia de clase media es función de los objetivos y planeación a tercera generación por lo que el carácter matriarcal o patriarcal se subordina a los objetivos y metas o aún a la mera repetición generacional del patrón institucional.

Recursos y relaciones de poder. Se trató de conocer el poder económico relativo de la mujer y el hombre en los matrimonios de clase media, y por consiguiente el poder real de negociación en la relación conyugal: en el hogar y en las opciones de vida de la mujer y del hombre.

El 66% de los maridos llevó al matrimonio educación profesional y empleo y al momento de la entrevista un 4% ha mejorado su empleo. En cambio, sólo 33% de las esposas de clase media llevó educación profesional y empleo al matrimonio y lo ha mejorado en una proporción similar al de los hombres: sólo el 4%. Más de la mitad de las esposas no llevó ningún recurso material o educativo. Unas pocas después recibieron herencias, ahorraron o de alguna manera adquirieron la propiedad de una casa o departamento.

Entre las familias de clase media de ingresos reducidos los cónyuges tienen estudios similares: 80% de hombres y mujeres tienen profesión o carrera técnica. Y forman su patrimonio en un esfuerzo común, razón por la cual aquí el régimen de propiedad conyugal mancomunado es más frecuente. Mientras que entre los matrimonios de clase media alta priva la separación de bienes en tanto régimen de propiedad conyugal.

En todos los estratos de caso de clase media, el 80% de las casas habitaciones o departamentos son propiedad del marido. Sin embargo en casos de divorcio es frecuente que el hombre deje el inmueble a la mujer y los hijos. Con todo, la propiedad de la casa es un elemento significativo en las relaciones conyugales de poder cotidiano.

Valores de orientación dados a los hijos. Se captó sino los resultados sí la actitud socializadora y educativa de los padres durante la primera infancia de sus hijos y después en el ámbito del hogar. La motivación para el logro y los cambios en el desempeño y concepción de los roles son las variables centrales en esta parte del análisis.

Se valora una comunicación más sana entre padres e hijos y entre esposos, que incluya el hablar sobre la sexualidad, lo que se considera una práctica erróneamente ausente en la generación que los precedió.

Se valora la realización profesional, el hedonismo, la felicidad, la independencia. La perspectiva de si las hijas van a trabajar o no ya de adultas es tendencialmente más clara.

En el diálogo y la confianza 33% de los padres y madres confían en tanto que medio para lograr sus expectativas morales y sociales. Hay menor énfasis en inculcar responsabilidad. En general se confía en los sistemas de formación de profesionistas para la realización profesional y personal de los hijos e hijas. La expectativa de edad para contraer matrimonio tiende a elevarse de 3 a 6 años por encima de la edad al matrimonio de sus respectivos padres.

El 53% de los esposos y el 40% de las señoras contestaron que sí efectivamente hubo mucha diferencia en como ellos fueron educados y orientados a como lo hacen ahora con sus hijos. Sin embargo, el 46% de los hombres y el 40% de las mujeres piensan que si se profundiza en los valores y actitudes morales, la diferencia es más de forma que de contenido. Se piensa que la diferencia más importante es en torno a las expectativas de rol de hombre y mujer en la sociedad y con respecto a la información sobre la sexualidad.

Una madre de clase media de ingresos medios en que ambos trabajan, haciendo gala de su actitud y práctica de la educación sexual en familia afirmó que la masturbación era sana:

> "Sí. Además yo creo que es sana, porque es una sensación de goce que tienen a esa edad tan pequeña; y si tu no lo malinterpretas ellos tampoco lo harán. Cuando tengan una edad x que les de otro tipo de indicaciones se les darán; pero ahorita para que empiezas a "tabuarlos" tan chicos. Hay es divino, es sensacional mi hijo. Llegó y me dice: --mami, mmi,--que pasa mi amor. --Mira como me hago el pipí de grande. --¡Qué padre hijo, eres mago, agárralo, agárralo! Salió feliz a enseñarme que cuando se lo agarra se hace grande.

Entonces yo pienso que mi actitud fue buena porque jamás lo volvió a repetir. Mi madre: --¿Qué tanto te agarras el pipí? —Deja que se lo agarre lo que quiera, y el día que le digas que se lo vas a cortar...¡no vuelvo a hablarte¡".

Homogámia/heterogámia. Es la pauta básica entre la clase media con respecto a la selección de cónyuge. Casi no hay matrimonios entre miembros de distintas clases sociales: casi todas las parejas de clase media pertenecen al mismo o muy cercano estrato social y económico.

A la pregunta de si se opondrían a matrimonios de sus hijos o hijas con miembros de otros grandes grupos sociales (obreros, campesinos, indígenas) considerados menos favorecidos, el 60% de las madres dijeron que sí se opondrían, mientras que sólo el 33% de los padres así contestaron. Sin embargo, no se detectó una consciente decisión y táctica para influir en la selección de cónyuge para sus hijos. Se cree en el amor y la atracción amorosa como el fundamento legítimo de la unión conyugal.

Con respecto a la oposición a matrimonios con personas de otras razas o colores de piel distintos el 86% de los padres no se opondrían y el 66% de las madres tampoco. Hay más predisposición a mantener las barreras de clase que las barreras de color de la piel, lo cual se corresponde a la en ocasiones trágica historia demográfica novohispana y mexicana de mestizaje.

Pero el verdadero significado de la pauta de elección de cónyuge está en la perspectiva de movilidad social ascendentes. En realidad el matrimonio es considerado un canal de ascenso social en varias modalidades. También el color de la piel se considera un recurso. Una "pareja conveniente" es un elemento central en las estrategias familiares de reproducción y movilidad social. Las familias con mejor perspectiva del entorno social de la madre, del padre o de ambos, tienen sumo cuidado en el control de esta variable y en instrumentalizar matrimonios convenientes, o sea, aquellas parejas para sus hijos e hijas que han calculado les favorecerán social y económicamente en su impulso de consolidación y ascenso socioeconómico.

Código de parentesco. Son las reglas básicas entre la clase media con respecto a la determinación de la filiación y de los derechos y deberes correspondientes a cada posición.

Con respecto al lugar de residencia para los recién casados, abrumadoramente, el 80% de los hombres y el 66% de las mujeres dijeron que estos deben vivir solos. Un patrón ideal neolocal. "El casado casa quiere". No obstante, el 40% de los entrevistados vivieron al comienzo de su matrimonio con suegros de alguno de ellos.

La regla de herencia muestra una pauta ideal igualitaria: repartición entre todos los hijos e hijas. Costumbre que podría tener efectos negativos en la concentración de recursos y decisiones eficientes; aunque bien podría ser otra manera más de encubrir y velar los procesos de exclusión y diferenciación social.

La pauta concerniente a la línea principal de parentesco, que resulta clave para determinar el carácter patriarcal o matriarcal del sistema muestra una equivalencia ideal: 96% de los hombres y 93% de las mujeres contestaron que ambas. No obstante, ser reconoce que en todos los casos hay más interacción hacia alguna línea que coincide casi siempre con la parentela más significativa social y por lo económico.

Redes sociales. Las personas de la clase media tienen tres esferas principales de relaciones: parientes, amistades de ambos y amistades del trabajo de alguno de los dos. En las esferas de parientes es donde mayormente se desarrolla la interacción y se conforman en el grupo de referencia seguido por el grupo de las amistades derivadas de la esfera de ocupación. En más del 50% de los casos comparten amistades aunque no se conocen estas amistades entre sí, de tal forma que se puede hablar en una generalización de redes flojas.

Es probable que los conflictos y desajuste más profundo de las relaciones íntimas de clase media tengan que ver con las redes sociales y círculos significativos en los que se desenvuelven, toda vez que la convivencia y ajuste matrimonial tiene más significación en el campo de las relaciones íntimas y de pertenencia a grupos sociales de amigos y familiares, y no una conflictualidad ligada estrictamente a la distribución de tareas y a las decisiones de qué se compra para quién, como ocurre en los estratos de menores ingresos donde la dependencia del varón de los servicios domésticos de la esposa y de esta del marido para su supervivencia es mayor, y en donde el delicado equilibrio cuando ambos trabajan es tal que las cuestiones sociales pasan a un segundo término.

Conclusión del sondeo sobre la vida cotidiana de los sectores medios mexicanos.

Volviendo a la pregunta que nos condujo al sondeo, o sea, sobre la repercusión del trabajo remunerado de la mujer entre los sectores medios de la ciudad de México y de otras ciudades de América la conclusión es clara: el trabajo remunerado a las esposas de este sector repercute en la dinámica generacional, o sea, los patrones recurrentes de comportamiento. Al ingresar las hijas de una manera decidida al trabajo, a la actividad económica, se sientan las bases para la elección de cónyuge sobre supuestos igualitarios, habiendo además interés expreso de ambos por conservar su puesto de trabajo. Ello conduce a un matrimonio de doble ingreso o a uno de doble carrera. La autoridad familiar es en conjunto la fuerza de cohesión, la eficacia en definir y mantener la división del trabajo con la mira de un proyecto más o menos explícito de movilidad social o al menos de desarrollo en el ingreso y la calidad de vida. Por consiguiente, la autoridad familiar mantiene o no el orden interno del grupo; sus resultados o funciones se cumple en alguna medida que tiene que ver con la satisfacción de las necesidades. Se crean estilos particulares; se fijan objetivos y una persona o en alguna manera en la pareja, reside la fuerza y el derecho de normativizar y sancionar.

El rol femenino de las hijas - tercera generación- se modifica con respecto al guion y desempeño de sus madres -segunda generación- y de las abuelas -primera generación. La división de tareas domésticas y extra domésticas así como la autoridad familiar en el hogar que forma las mujeres de tercera generación presenta variaciones, que son más profundas e incluso hasta representar una transformación de la forma de la familia si es que la intensidad del cambio de rol de la tercera generación es considerable entre sus 18 y 25 años.

Sin embargo, se pudo observar a las presiones de orden puramente económico afectar a los sistemas familiares y a su reproducción modificada o transformada. Son presiones económicas contradictorias: hay presión interna para que la mujer salga a trabajar para complementar el ingreso familiar, pero se cierra la demanda de trabajo en general inclusive para las mujeres de clase media con formación y capacitación escolar.

No parece haber duda: para consolidarse la trasformación de la forma de la familia, y por tanto del rol femenino, se requiere facilidades educativas, primero, oportunidades laborales, después y finalmente de servicios domésticos colectivos como guarderías, comedores y lavanderías. En un momento dado, los costos extras que implican para los empleadores estos servicios accesorios al desempeño laboral de las mujeres podrían reducir la apetencia por el trabajo femenino y por esta vía frenar la transformación de los sistemas familiares.

Del efecto neto sobre la fecundidad no hay incertidumbre alguna: la transformación de la estructura de la familia, aun y si tal transformación es parcial, reduce la fecundidad; pero sobre el ajuste emocional y psicológico de los individuos de ambos géneros en este nuevo arreglo de la institución familia subsisten muchas inquietudes e interrogantes.

Estratos dentro de la clase media y repercusión del trabajo remunerado femenino.

Durante el sondeo se evidenció las existencias de dilemas profundos en el código de significados mismo de la autoridad en su estructura: ¿Existe, además del código matriarcal y del código patriarcal alguna otra forma mixta o compartida? ¿O acaso la autoridad emigró y los matrimonios en apariencia igualitarios son regulados por variables extra familiares, o sea, un desplazamiento de la autoridad a formas sociales impersonales o ligadas a otras esferas, en particular, la esfera ocupacional? ¿Es legítimo hablar de una pérdida de la autoridad familiar en beneficio de los mecanismos de coordinación sociales impersonales, y lo que subsisten son relaciones de poder y meras disposiciones y sanciones secundarias que administran los "jefes" de hogar?

En la definición operacional de la autoridad son dimensiones importantes la edad, el género, la división de labores, el reparto del consumo y el establecimiento de objetivos y de los medios para alcanzarlos.

Leyes de propiedad marital. Otra dimensión de importancia práctica en las relaciones conyugales de poder y en la autoridad son las leyes que rijan la propiedad marital: 1) Separación de bienes. 2) Bienes mancomunados. En el medio urbano el conflicto por la propiedad inmobiliaria se manifiesta en las desavenencias conyugales. La separación de bienes es injusta para la mujer que, tras una vida dedicada al hogar y reproducción cotidiana, no tiene, después del divorcio o separación, nada de su propiedad. De hecho algunos matrimonios acuerdan la separación de bienes para evitar embargos.

La sociedad conyugal favorece a estafadores de cualquier sexo; además de no satisfacer a las mujeres triunfadoras que tienen la necesidad psicológica de sentir el status de propietarias.

Cambio de la forma de familia y divorcio. Los norteamericanos afirman que cuando la relación marital deja de ser satisfactoria para los esposos, no es costumbre norteamericana la de agregar amantes y concubinas a la unidad familiar. El divorcio ha llegado, dice Bruce J. Cohen, a ser aceptado en la sociedad norteamericana desde unas pocas décadas. En el pasado, una pareja debía permanecer junta, principalmente porque se sentía altamente responsable por los hijos; y encontraban prácticamente imposible las personas que fracasaban en el matrimonio obtener el divorcio, desde el punto de vista económico. En este sentido, el cambio de la estructura de la familia se compuso de: 1) la reducción del número de hijos; 2) cambios en las expectativas de rol de géneros, aún mayor en la mujer; 3) aceptación del divorcio, lo que en términos prácticos significa cambios en la legislación pertinente a través de la reestructuración de los procedimientos judiciales, para dar curso fácilmente a los casos conflictivos, además de otras instituciones facilitadoras.

Propuesta final: Las encuestas de la autoridad en los hogares de la sociedad civil

Se propuso la teoría y la acción inteligentemente llevada para reformar la autoridad en los sistemas familia-unidad doméstica, hogar, (cap. III). A ese fin se presenta la matriz para reformar la autoridad en los hogares, la cual habla por sí sola.

Matriz de Proyecto de Reforma de la Autoridad en los Hogares

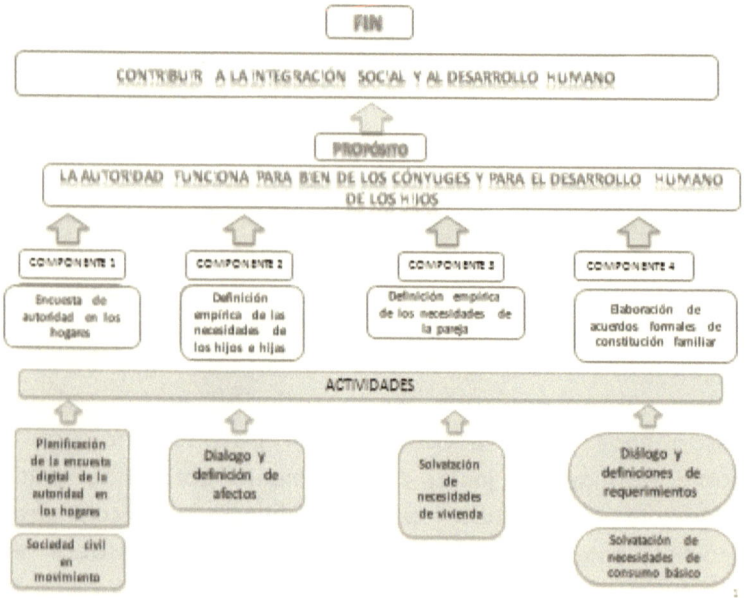

REFERENCIAS BIBIOGRÁFICAS

Acok, Alan C. "Egallitarian Sex-Role Attitudes and Female Income" en Journal of Marriage and the Family, V.44, No. 3 Agosto 1980.

Adorno; Theodor, y otros, The Authoritarian Personality, Harper and Row, London, 1950.

Alba, Francisco y Potter Joseph, "Población y desarrollo en México: una síntesis de la experiencia reciente", en Estudios Demográficos y Urbanos, El Colegio de México, No. 1, pp. 7-37, 1986.

Ameida, Vania de S. "Una discusión sobre las condiciones de la reproducción campesina", en Estudios Sociológicos, El Colegio de México, No. 4, 1984.

Barajau, Luis, "La teoría de la familia", en Naturaleza, UNAM, México, No. 22, 1980.

Bartra, Roger, El poder despótico burgués, Ed. Era, México, 1979.

Blau, Peter, Exchange and Power in Social Life, Harper and Row, New York, 1974.

Blood R. y Wolf D.M. Husbands and Wives: The Dynamics of Married Living, Free Press, New York, 1960.

Bott, Elizabeth, Family and Social Network, Tavistock Publications, London, 1971.

Carner, Francoise, "Roles de Mujeres en el siglo XIX mexicano" en Estudios de la Mujer, PIEM-Colegio de México, México, 1986.

CEPAL, América Latina: Las mujeres y los cambios socio ocupacionales, 1960-1980, Santiago de Chile Lc/504, pp.14, 1986.

Colin, Rosser y Harris Christopher, The Family and Social Change, Roudtledge & Kegan P. Eds., London, 1963.

Conde, Rosa y otros, Familia y cambio social en España, Centro de Investigaciones Sociológicas, Madrid, 1982.

De Barbieri, Teresita, "Incorporación de la mujer a la economía urbana de América Latina", en Memorias del Congreso Latinoamericano de Población y Desarrollo, PISPAL-Colegio de México, México, Vi, pp.355-390. 1984.

Donzelot, Jacques, The Policing of Families, Welfere versus the State, Hutchinson University Library, London, 1970.

Dreyfus, Hubert y Rabisnow Paul "Michel Foucault: una genealogía de la sexualidad" en La Cultura en México, 18 de julio 1984.

Engels, Federico, El origen de la familia, la propiedad privada y el Estado, Ed. Era, México, 2003.

Ericksen, J.A. y otros, "The division of Family Roles", en Journal of Marriage and the Family, pp.301-313, May 1979.

Featherman, L.D. and Hauser, M. R. "Sexual Inequalities and Socioeconomic Achievement in U.S.", 1962-1973, American Sociological Review, vol. 41, 462-483, June 1976.

Foucault, Michel, Historia de la sexualidad: la voluntad de saber, Siglo XXI, México, 1982.

García, Brigida y De Oliveira Orlandina, Hogares y trabajadores en la Ciudad de México, El Colegio de México, 1982.

Greertz, Clifford, The Interpretaton of Cultures, Free Press, New York, 1964.

Germani, Gino, "Secularization, Modernization and Economic Development" en The Protestant Ethic and Modernization, S.N. Eisentad, Basic Books, New York,1967.

Goode, Willam J. World Revolution and Family Patterns, Free Press, New York, 1964.

Homans, George, Social Behaivior: Its Elementary Formas, Harcourt Brace Jovanovich, New York, 1974.

Horkheimer, Max, "Autoridad y familia", en Teoría Crítica, Amorrotu Editores, Buenos Aires, 1968.

Heer, David, "The Measurement and Bases of Family Power: an Overview" Journal of Marriage and the Family, V. 25 No. 44, pp. 133-145, 1978.

Jelin, Elizabeth, La mujer y el Mercado de Trabajo Urbano, Estudios CEDES, Buenos Aires, V1, No. 6, 1978.

Jelin, Elizabeth, Las relaciones sociales del consumo: el caso de unidades domésticas de sectores populares, The Population Council, México, Documentos de Trabajo No. 14, 1983.

Jelin, Elizabeth, Familia y unidad doméstica: mundo público y vida privada, Estudios del CEDES, Buenos Aires, 1984.

Jelin, Elizabeth y Feijoó Carmen, "Presiones cruzadas: trabajo y familia en la vida de las mujeres", en Del deber ser y el hacer de las mujeres: dos estudios de caso en Argentina, El Colegio de México-PISPAL, México, 1981.

Jelin, Elizabeth, Pan y Afectos, las transformaciones de las familias, Fondo de Cultura Económica, Buenos Aires, 2010.

Kapferer, Bruce, "Social Network and Conjugal Role in Urban Zambia: Towards a Reformation of the Bott Hipothesis", en Network Analysis: Studies in Human Interaction, Boissevain &Mitchell, La Haya: Moutom, 1973.

Korman, Sheila & Gerald Leslie, The Family in Social Context, Oxford University Press, Oxford New York, 1985.

La Rosa, R. Conflict and Power in Marriage, Sage Publications, Beverly Hills, USA, 1977.

Leñero Otero, Luis, El fenómeno familiar en México, IMES A. C. México, 1984.

Leñero Otero, Luis, Realidades familiares y crisis del modelo nuclear conyugal en los países latinoamericanos, IMES A.C.M1985.

Lewis, Oscar, Antropología de la pobreza: cinco familias, Fondo de Cultura Económica, México, 1973.

Lesse Blumberg, Rae, "General Theory of Gender Stratification" en Sociological Theory, University of California Press, San Diego, 1984.

Lomnitz, Larissa, ¿Cómo sobreviven los marginados? Siglo XXI, México, 1973.

Lomnitz, Larissa y Pérez Lissaur Marisol, Significados culturales y expresión de la familia en México, Segunda Reunión Nacional de Investigación Demográfica, México, 1980.

Magnarella, P.J. "Conjugal Role Relationship in Modernizing Turkish Town" International Journal of Sociology of the Family, V.2 September, 1972.

Marsh, Robert, Comparative Sociology: a Codification of Cross Societal Analysis, Harcourt, Brace & World, Inc. USA, 1967.

Mead, George H. Mind, Self and Society, University of Chicago Press, Chicago, 1938.

Michels, Andrée, "La Femme dans la Famille Francaise" Cahiers Internationaux, 12 pp. 61-76, March-April 1960.

Millett, Kate, Political Sexual, Ed. Aguilar, México, 1975.

Mier y Terán, N. y Rabell C., Fecundidad y grupos sociales en México, ISS-UNAM, 1982.

Mitterauer, M Y Sieder Reinhard, The European Family, The University of Chicago Press, USA, 1982.

Murdock, George, "World Ethnographic Sample" American Anthropologist, No. 59, August, 1957.

Oakley, Ann, The Sociology of Household, Pantheon Book, New York, 1974.

Oppong, C. "Joint Conjugal Roles and Extended Families: a Preliminary Note on a Mode of Classifying Conjugal Relationship", Journal of Comparative Family Studies, V.2 pp. 179-192, autumn 1972.

Parsons, Talcott and Bales Robert, Family, Socialization and Interaction Process, The Press of Glencoe, USA, 1955

Parsons, Talcott, "La Estructura social de la familia" en La Familia, Ed. Península, Barcelona, 1978.

Pedrero, Mercedes, La participación femenina en la actividad económica y su presupuesto tiempo: notas sobre problemas relativos a conceptos y captación, CENIET, Series Avances de Investigación, México, 1977.

Poster, Mark, Critical Theory of thr Family, Pluto Press Limited, London, 1978.

Prtzeworski, Adam, "La teoría sociológica y los estudios de la población: reflexiones sobre los trabajos de la Comisión de Población y Desarrollo de CLACSO", en Reflexiones Teórico Metodológicas sobre investigación en población, El Colegio de México y Consejo Latinoamericano de Ciencias Sociales, México, 1982.

Radcliffe- Brown, A.R. "The Study of Kinship Systems" Journal of Royal Anthropological Institute, No. 71, 1941.

Ramos, Joseph, "Urbanización y mercados de trabajo" en Memorias el Congreso Latinoamericano de Población y Desarrollo, Colegio de México y PISPAL, México, 1983.

Rank, Mark R. "Determinants of Conjugal Influence in Wives Employment Decision Making", Journal of Marriage and the Family, August 1970.

Reich, Wilhelm, La función del orgasmo, Ed. Siglo XXI, México, 1970.

Rosenbluesth, Ingrid, Roles conyugales y redes de relaciones sociales, Cuadernos Universitarios No. 15, UAM Iztapalapa, México, 1984.

Scanzoni, J. y G.L: Fox, "Sex Roles, Family and Society. Seventies and Beyond", Journal of Marriage and the Family, Pp.743-756, November 1980.

Sprey, J. "Family Power and Process: Toward a Conceptual Integration" en Power in Families, R.E. Cromwel Wiith D.H., Olson Eds., Wiley, New York, 1975.

Shorten, Edward, The Making of the Modern Family, Basic Books, Inc. Harper, New York, 1977.

Sandoval, Dolores, El mexicano: psicodinámica de sus Relaciones Familiares, Ed.Villicaña S.A., México, 1985.

Venek, J. Keeping Busy: Time Spent in Housework, United States, 1920- 1970, Doctoral dissertation, University of Michigan, USA, 1973.

Walker, K. "Time Spent by Husbands in Household Work", Family Economics Review, pp. 8-11 June 1970.

Weber, Max, <u>Economía y sociedad</u>, Fondo de Cultura Económica, México, 2003.

Winch, F. Robert, <u>The Modern Family</u>, Holt, New York, 1952.

Yanagisago, Silvia, "Family and Household: the Analisis of Domestic Groups", en <u>Annual Review of Anthropology</u>, No. 8, 1979.

Ybarra, Lea, "When the Wives Work: the Impact on the Chicano Family", <u>Journal of Marriage and the Family</u>, V. 44., No. 1 February 1982.